Gudrun Tempel

NIEMAND SPRICHT VON JERICHO

Zwischen Krieg und Frieden in Israel

C. Bertelsmann Verlag

Gesamtherstellung Mohndruck Reinhard Mohn OHG, Gütersloh
ISBN 3-570-02336-2 · Printed in Germany

Inhalt

Ich öffne Ströme auf kahlen Höhen
und Brunnen inmitten der Täler;
ich mache die Wüste zum Wasserteich
und dürres Land zu Wasserquellen.
Ich setze Zedern in die Wüste, Akazien,
Myrten und Ölbäume; ich pflanze
Zypressen in der Steppe, Platanen und
Buchsbäume dazu, damit sie sehen
und erkennen zumal, zu Herzen fassen
und inne werden, daß die Hand des
Herrn dies getan hat, daß der Heilige
Israels es geschaffen.

Und ich sehe mich um, doch da ist
niemand; keiner von diesen da weiß
Rat, daß ich sie fragen könnte und sie
mir Antwort gäben.

Jesaja 41, 18–20. 28

1. Kapitel
Oktoberfest

Die Sonne schien. Es war kalt.

Ich schoß eine Blume, dann noch eine: vierzehn Schüsse, vierzehn Blumen. Ihre weißen Porzellansockel zerschellten. Sie fielen, verhängten sich in Rosen, Lilien, Chrysanthemen, grinsende Teufel aus Samt, schwarze und weiße Drahtschwänze.

Das Gewehr war gut. »Es wird fünfmal am Tag vom technischen Überwachungsdienst geprüft«, sagte ein Mann hinter mir.

Die Blumen fielen der Reihe nach, wie Soldaten in Kinoschlachten, manchmal zögernd, manchmal sehr schnell. Ich nahm den Strauß, den ich geschossen hatte, zahlte und ging zurück in das große weiße Zelt. Ein Brauereiwagen wartete in der Sonne, sechs riesige Pferde. Eine Frau versuchte plötzlich, eines zu umarmen, aber sein Lederkumt, mit Silber beschlagen, war ihr im Wege. Ich trat zurück und begann zu photographieren. Da sagte jemand neben mir: »Schamen S'eahna goar net«, und dann: »Pfui!« Ich hatte mein Objektiv auf die herrlichen riesigen runden Ärsche der Pferde gerichtet. Ihre mit bunten Bändern verflochtenen Schwänze teilten sie in der Mitte. Sie steckten in ihrem festsitzenden weichen schimmernden Fell. All dies war gekrönt von einem bayerisch-blauen Himmel, umrahmt von Gesichtern, die sich in Träume verloren hatten, und von glänzendem Leder und Metall, silbernen Ketten und einem grünen Luftballon, den jemand losgelassen hatte.

Das große Zelt war jetzt voll. Es war drei Uhr nachmittags. Die Kapelle spielte »When the Saints go marching in« und den bayerischen Defiliermarsch. Durch meine Kamera betrachtete ich die Gesichter, und diese Gesichter sahen merkwürdig aus, wenn man sie der Reihe nach anvisierte wie die kleinen weißen Porzellansockel der Papierblumen: genauso wie durch Kimme und Korn eines Gewehres. Eines nach dem anderen.

Ich hatte nicht zum Oktoberfest gehen wollen, aber Freunde sagten: »Man kann nie wissen ... vielleicht ist es das letzte.« Wir lachten.

Die Kellnerin brachte uns Hähnchen, ich nahm ihre Stimme auf und photographierte das Gesicht. Sie war ein wenig ärgerlich, aber ich versprach ihr, nächstes Jahr die Bilder mitzubringen. Sie lachte, und dann war alles wieder in Ordnung. Wir tranken unser Bier und aßen Käse nach dem Hähnchen. Es war unmöglich, sich bei dem Lärm im Zelt zu unterhalten.

Drei amerikanische Soldaten setzten sich an den nächsten Tisch. Einer umarmte eine alte Frau. Sie konnte sich nicht darüber klar werden, ob sie das gerne hatte oder nicht. Der andere stellte sich auf den Stuhl und hielt eine Rede über Chicago, wo er herkam.

Die Gesichter der Menschen, die ins Zelt kamen, waren gespannt, abwesend, beinahe unglücklich.

Sechs Menschen waren in diesem Jahr bereits auf dem Oktoberfest umgekommen: ein Rekord. Aber es war ja auch das größte und beste.

Einer war umgebracht worden, weil er einem anderen aus Versehen die Würstchen vom Teller gestoßen hatte. Der andere hatte ihn daraufhin niedergeschlagen.

Es war der vorletzte Tag, Samstag. Wir kauften eine große Brezel und noch mehr Käse. Ich spielte der Kellnerin vor, was sie gesagt hatte. Es gefiel ihr, die Worte der anderen schwammen wie Fische vorbei und »When the Saints go marching in« umgab alles wie eine bunte Kulisse. Es war der Jom-Kippur-Tag, der 6. Oktober 1973.

Ich trieb in einem Schlauchboot, durch Gesichter und Stimmen und den bayerischen Defiliermarsch über einen Ozean, gefüllt mit gelblichem Oktoberfestbier, fünf Liter tief und drei Stunden lang.

Der Traum: Ich konnte den Traum nicht vergessen, den Traum, den ich zwei Tage zuvor geträumt hatte. Eine Frau rannte an einem Strand entlang und schrie, eine Frau, die sonst nicht schreit. Sie rannte von einer Schlacht in die nächste und in die nächste und in die nächste, der Sand ringsherum explodierte, und Soldaten strömten von vorn nach hinten, kamen von allen

Seiten angerannt und versuchten, sie umzubringen. Der Krieg war schrecklich laut und überall, im Himmel, auf dem Meer, auf dem Sand.

Ich war von meinem eigenen Schreien aufgewacht, ich war so verwirrt, daß ich mich hinsetzte und einen Brief nach Jerusalem schrieb, um zu erzählen, was ich geträumt hatte. Noch in der Nacht brachte ich ihn zum Briefkasten, der am Haus gegenüber hängt.

Ich steckte den Brief um drei Uhr am Freitagmorgen ein, einen Tag bevor der Krieg begann. Er war an das King David Hotel in Jerusalem gerichtet.

Der Brief kam am neunten Tag des Krieges an.

An soviel kann ich mich noch klar erinnern, aber ich weiß nicht mehr, wie ich vom Oktoberfest nach Hause gekommen bin. Jemand muß meinen Wagen geholt haben, wir sind dann zehn Kilometer gefahren, ich habe das große hölzerne Tor geöffnet, habe den Wagen unter den Kastanienbaum dirigiert, dann kam jemand aus der Küche gerannt und rief: »In Israel ist der Krieg ausgebrochen. Die Ägypter haben den Kanal überschritten.« Ich glaubte es nicht. Ich dachte, das ist doch alles nur ein Spaß. Wie kann denn im Nahen Osten ein Krieg ausgebrochen sein? Mein Traum war doch nur ein Traum gewesen, ich hatte schon Tausende von diesen Träumen geträumt.

Ich ging in mein Zimmer und stellte das Radio an, dann das Fernsehen. Die Ägypter hatten den Kanal überschritten, die Syrer kamen aus dem Norden, das Durcheinander war groß.

Europa sah sich das an und war verstört und ärgerlich. Diesen Krieg sollte es nicht geben. Wie kann es einen Krieg geben, von dem man uns nicht vorher hat wissen lassen, daß es ihn geben würde? Keine Flotte hatte sich in Marsch gesetzt, keine Konferenz war plötzlich abgebrochen worden, kein führender Politiker in aller Eile abgereist, niemand hatte Verdacht geschöpft.

Sie kamen mit tausend Panzern über den Kanal auf die Sinaihalbinsel, am Tage des Jom-Kippur, als niemand daran dachte.

Es braucht einige Zeit, bis man sich von einem solchen Schrecken erholt hat.

Und diesmal gab es kein Engagement für Israel. Diesmal nicht. Ich weiß nicht genau warum, aber es gab ganz einfach kein Mitleid. Die Menschen wollten diesen Krieg auch nicht. Sie konnten ihn von Anfang an nicht ausstehen. Biafra, Bangla Desh, Vietnam, das waren schmutzige Kriege, aber zumindest waren sie weit weg, und die wenigsten hier kennen die Gegend.

Und jetzt wieder ein Krieg gegen Israel. Das war inzwischen für manche ein Ferienland wie Marokko und Tunesien und die Kanarischen Inseln.

Ich telefonierte ganz früh am nächsten Morgen mit Jerusalem. Die Stadt spielte ihre dreitausendjährige Rolle weiter. Eine Stadt, die nicht geschlafen hatte, die wartete. Eine Stadt, der man plötzlich die Liebhaber, Ehemänner, Söhne, Brüder genommen hatte. Ich saß in Bayern und hörte auf die Stimmen aus Jerusalem. Die Sonne ging auf und überstieg die Mauern von Jerusalem, in Bayern war es noch immer dunkel. In Jerusalem war es heiß, bei uns blies ein kalter Wind die Blätter des Kastanienbaums in den Garten.

Würde Hussein mit seiner Armee den Jordan überschreiten? Würde er kommen?

»Es geht uns gut«, sagte die Stimme in Jerusalem. »Wir fahren nach Jericho heute ... nein, wir glauben nicht, daß Hussein über den Fluß kommt ... und außerdem: Wir sind vorbereitet, unsere Truppen warten schon.« Für alle in Jerusalem waren die Truppen jetzt »unsere« Truppen geworden.

Jeden Morgen um vier sprach ich mit Jerusalem, gerade wenn die Sonne dort aufging und über die Stadtmauer stieg. »Nein, wir können nicht mehr nach Jericho fahren«, sagte die Stimme eines Morgens, »sie haben die Straße vermint.« »Wer?« »Die Israelis haben die Minen unter die Straße gelegt. Wir mußten die Zelte und alles in der Wüste lassen. Die israelischen Schauspieler und Fahrer sind an die Front gegangen ..., manchmal kommen sie für einige Stunden zurück. Gestern sind zwei zurückgekommen, aber sie sind jetzt schon wieder auf den Golanhöhen.« Pause. »Ich wünschte, ich wäre bei Euch«, sagte ich. »Hast Du Angst?«

»Nein, nein ... ich habe keine Angst. Es ist sehr ruhig. Nur die Verdunklung. Niemand geht abends mehr aus dem Haus. Die Regierung hat gebeten, keine Briefe mehr zu verschicken, denn sie stapeln sich zu Bergen in den Postämtern. Es gehen aber noch immer Flüge von Lod, das ist kein Problem.

Das ist kein Problem, ich meine, Israel zu verlassen. Flugzeuge gehen von Lod jeden Tag.«

Die Ägypter hatten den Suezkanal überschritten, die Syrer waren tief in das von den Israelis 1967 besetzte Gebiet eingedrungen.

»Hallo? Bist Du noch da? Warum gehst Du denn nicht weg? Kannst Du das Jordantal von Deinem Fenster aus sehen? Ich habe Angst vor Hussein«, sagte ich. »Brauchst Du was?«

»Nein, gar nichts.«

So rief ich jeden Morgen um vier Uhr in Jerusalem an. Aber es gab wenig Neuigkeiten. Die Dreharbeiten waren eingestellt worden, und langsam wuchs die Angst bei denen, die nach Israel gekommen waren, um einen Film zu machen, aber nicht in einen blutigen Krieg verwickelt werden wollten. Niemand wußte, was Hussein vorhatte. Seine Truppen standen am Jordan, kaum dreißig Kilometer von Jerusalem entfernt. Und wenn die Syrer durchbrechen würden: Konnten sie dann nicht das Jordantal hinuntermarschieren, wie so viele Armeen vor ihnen? Und was war mit den neuen Raketen?

»Nein«, sagte die Stimme am Telefon. »Sie werden niemals Jerusalem zerstören. Es ist heilig für alle. Sie werden Jerusalem *niemals* zerstören.«

»Weißt Du, wie oft Jerusalem zerstört worden ist?« fragte ich. Aber da lachte sie nur.

Es war die Zeit des vollen Mondes. Wir saßen in Europa und hatten Angst. Die arabischen Ölländer drohten, ihre Lieferungen zu drosseln. Und gerade da wurde es in Europa sehr kalt. Niemand schien zu wissen, wie dieser Krieg weitergehen sollte oder wann er aufhören würde. Die Engländer weigerten sich, Ersatzteile für die israelischen Panzer zu schicken. Sie wollten »fair« sein. Von nun an würden sich Worte wie »Öl« und »Fairness« austauschen lassen. Jeder in Europa wollte auf einmal ganz fair sein, niemand wollte sich einmischen: Das ist doch nur fair. Die Sinaihalbinsel ist groß, und die Ägypter waren nur zehn oder zwanzig oder allerhöchstens dreißig Kilometer weit vorgedrungen. Der syrische Angriff war auch zum Halten gebracht worden. Hunderte von syrischen Panzern hatte man zerstört. Viel mehr konnten sie doch nicht haben?

Zahlen standen nun in den Zeitungen. Kleine Zeichnungen wurden abgebildet. Jeder kleine Panzer auf dem Papier bedeutete hundert Panzer auf dem Schlachtfeld. Jeder kleine Schatten mit einem Stahlhelm auf dem Kopf bedeutete zehntausend Soldaten. So viele für Israel, so viele für Syrien, Ägypten, Libyen, Jordanien, Irak, Libanon, Saudi-Arabien, Tunesien, Marokko ... Und hinter denen, die man sah, standen die Armeen, Panzer, Raketen, Flugzeuge, Schiffe, Atomunterseeboote, Kanonen von Amerika und Rußland. Die Menschen wußten nicht mehr, was sie denken sollten, und deshalb hörten sie auf zu denken. Selbst als der Krieg auf seinem Höhepunkt angelangt war, sprachen die Europäer wenig über ihn. Sie vergruben sich in ihre eigenen Sorgen und bestellten Öl, aber das Öl kostete plötzlich doppelt so viel wie im letzten Jahr. Schon im August hatte es in den Zeitungen gestanden: »Der Winter wird diesmal kalt und lang.« Die Ägypter drangen nun nicht mehr schnell vorwärts, aber die Araber drosselten das Öl und warnten Europa. Und die Europäer wünschten nur noch eins: daß der Krieg zu Ende sei und alles wieder würde wie zuvor. An Israel dachte kaum noch jemand. Das war ein Gedanke, den man wegscheuchte wie eine lästige Fliege.

Niemand wußte einige Tage lang, was auf den Golanhöhen los war, außer daß die Schlacht schwer und blutig sein mußte. Panzer gegen Panzer, Mann gegen Mann: Streitwagen-Kämpfe wie aus dem Alten Testament. In den Geschichtsbüchern steht: »Die Stämme Israels hielten sich nur im Hügelland und in den Bergen auf, wo die Kananäer mit ihren Streitwagen nicht hin konnten.« Dreitausend Jahre wie ein Tag.

Die Journalisten beschwerten sich darüber, daß man sie nicht an die Front ließ. Sie wollten Blut sehen und die Zerstörungen. Ein Photograph war ganz glücklich, weil es ihm gelungen war, ein Bild von einem toten Soldaten zu machen, in dessen Gedärmen die Hühner herumpickten. Mehr als ein halbes Tausend Journalisten hatten sich inzwischen in Israel versammelt. Die Touristen verließen das Land allmählich, aber die Journalisten flogen ein. Dreihundert rasten durch die Wüste von Libyen nach Kairo. Dreißig gingen nach Amman.

Ich versuchte Fotos für einen Bildband über die DDR zu sammeln, der den Titel haben sollte: »Überall bin ich zu Hause.« Im

Garten fielen die Haselnüsse vom Baum. Es regnete fast immer aus einem traurigen, schmutzigen Himmel. »Hier regnet es«, sagte ich am Telefon. Und: »Kein Mensch macht sich Sorgen um irgend etwas, außer um Benzin und Öl. Ist Dir das nicht klar?«

»Sie werden es schon schaffen«, sagten alle und meinten die Israelis, aber ihre Stimmen wurden leiser. Die Tage schlichen sich grau vorüber, als würden sie sich schämen. Der Krieg wird schrecklicher und blutiger, und jeder weiß, daß Israel diesmal keinen Sieg wie 1967 erringen wird.

Ich entschloß mich endgültig, nach Israel zu fahren.

Was immer dieser Krieg für andere bedeutete: Für mich war dies der Monat, in dem Millionen Menschen die Wasserscheide ihrer persönlichen moralischen Integrität erreichten und den langen Weg den Berg hinunter antraten.

»Es gibt drei Millionen Israelis«, sagte man mir, »selbst wenn sie diesen Krieg verlieren, werden doch nicht alle tot sein. Wissen Sie denn, wie viele Menschen in diesem Augenblick in Afrika verhungern? Und wie viele jedes Wochenende auf den Straßen umkommen? Es tut uns leid, aber diese Geschichte ist einfach keinen Atomkrieg wert und auch keine Wirtschaftskrise und keine Arbeitslosigkeit. Sie müssen was zurückgeben, dann sind die Araber wieder ruhig, denn diesmal haben sie endlich gewonnen.«

Auch die Stimme aus Jerusalem wurde leiser. Ich fragte: »Was braucht Ihr denn?« Die Antwort: »Es geht uns gut. Wir brauchen nichts. Nur Frieden.«

Was für einen Frieden?

Jemand erzählte mir, daß Israel kleiner als ein Drittel von Bayern ist. Wenn es nicht um das Öl gegangen wäre, hätten wir vielleicht irgendwelche Gefühle gehabt, wenigstens ab und zu, aber so hatten wir keine. Die Panzerschlachten wurden jeden Tag härter, und die Ägypter behaupteten: Es sind die größten Panzerschlachten in der Geschichte der Menschheit, größer als die von Montgomery. Die deutschen Zeitungen schrieben: Größer als die von Rommel.

Ich dachte an Schlesien und Ostpreußen, zwei Länder, die es gar nicht mehr gibt, fragte nach dem Recht auf ein Land, das fast tausend Jahre lang deutsch war und es nun nicht mehr ist. Land, das verloren war. Und wem gehört Palästina? Darf man nach zweitausend Jahren kommen und sagen: Das gehört mir? Und dürfen jene, die vertrieben wurden, für alle Zeit ihren Haß pflegen? Woher nimmt man eigentlich die Maßstäbe, um so etwas beurteilen zu können?

Die Stimme aus Jerusalem sagte: »Die Wüste war so schön heute, wir haben wieder gearbeitet. Es ist auch nicht mehr so schlimm mit der Verdunklung, wir haben jetzt Vollmond.«

Für mich waren diese Stimmen menschlich, die anderen waren es schon längst nicht mehr, die, die ich den ganzen Tag anhören mußte. Ich fragte die Mädchen in der Vermittlung: »Wie geht es denn heute?« Sie antworteten: »Ganz gut, ganz gut«, aber als ich dann in der Schweiz anrief, erzählte mir jemand, der es wissen mußte: »Es ist schlimm in Israel, und es wird jede Stunde schlimmer.«

Alle warteten.

Ich versuchte, in München eine Landkarte von Israel zu kaufen, aber es gab keine mehr. Sie waren ausverkauft. Ich nahm das als ein gutes Zeichen. Doch irrte ich mich. Denn viele sagten nun: »Die Israelis bekommen nur, was sie verdienen«, aber sie sagten mir nicht, was sie denn verdienen. Da begann ich, meine Freunde und Bekannten zu fragen. Was wußten sie denn von der Geschichte Israels? Oder von der Behandlung der Araber durch die Juden und der Juden durch die Araber oder von dem, was im Koran über die Juden steht, oder in der Bibel über Jerusalem? Hatten sie Jeremias gelesen? Oder wie General Gordon nach Jerusalem kam? und Allenby? Und wie hatten sich die Türken verhalten und wie die Kreuzritter? Und wer hatte im Gelobten Land gewohnt, bevor die Israeliten es besiedelten? Aber all das war für die wenigsten interessant. In Wirklichkeit dachte jeder nur an das Öl und was nun werden sollte. Die Welt begann sich damit abzufinden, daß es keine Lösung gab oder geben konnte und daß Kriege eben nicht verhindert werden können, auch dann nicht, wenn durch sie keinerlei Probleme dauerhaft gelöst werden. Die Welt hatte wieder einmal begonnen, es als natürlich und gottgegeben zu empfinden, daß Tausende auf irgendwelchen Schlachtfeldern umkamen, solange sie sich nur woanders umbrachten, nicht hier, sondern dort geopfert werden mußten. In Europa wuchs das Gefühl: Laß dort geschehen, was immer geschieht, wenn es nur unseren Frieden bewahrt, unseren Wohlstand nicht gefährdet. Millionen rutschten zurück in ihre Kindheitstraumata: Frieren, im Dunkeln sitzen, Angst haben. Wir wußten nun, daß wir von jemandem vollkommen abhängig sind. Anstatt zu denken, fühlten wir, und was wir fühlten, war Angst.

Es ist nicht undenkbar, daß dieses Sichausliefern eines Tages zu einer fatalen Konsequenz führen wird: Europa ausgeschlossen, allein und arm.

Israel war weit weg.

Aber wieder einmal leitete etwas, das in dieser Gegend geschah, eine neue Zeitenwende ein. Über den Sand der Sinaihalbinsel rollten die Panzer. Und wie nach den Schritten des biblischen Moses über eben diesen gleichen Sand, veränderte sich das Bewußtsein: als wäre das wirklich ein besonderes Stück Erde.

2. Kapitel
Taschenlampen

Die Straße nach der Schweiz war um vier Uhr an diesem Sonntagmorgen leer. Den Himmel gab es nicht. Der Wagen rollte im Niemandsland, eingewickelt in Wasser. Nichts gab es hinter dem Regen. Manchmal hatte die Straße nicht einmal einen Rand. Die Pfützen reichten bis ins Schwarze. Im Radio hörte ich: Die Schlacht geht weiter. Die Verluste seien auf beiden Seiten sehr hoch. Hussein habe die Gesandten der Ölscheichs empfangen, und andere Politiker aus Ägypten, Syrien, Libyen und aus der Sowjetunion. Der König hatte nun seine besten Truppen nach Syrien geschickt, nicht viele zwar, aber er hat ja auch nicht viele. Von allen arabischen Staaten ist Jordanien der ärmste. Unter seinem Sand fließt kein Öl.

Die Grenze zwischen Jordanien und Israel ist 350 Kilometer lang. Die Militärexperten behaupten: Pro halben Meter benötigt man einen Soldaten für die Verteidigung, den Nachschub miteingerechnet. Das steht in wissenschaftlichen Büchern über die Kriegführung. Vielleicht sind sie längst überholt? Lieber Gott, laß sie doch überholt sein, bat ich den schwarzen Himmel, als ich durch Landsberg fuhr.

Im Radio wurde gemeldet, die palästinensischen Guerillas hätten die Araber in Israel zum Aufstand aufgerufen: Sie sollten die Fabriken, Häfen, Radiostationen, Elektrizitätswerke, Brücken und Busstationen sprengen. Warum haben sie denn das nicht längst getan? dachte ich. Und hatte plötzlich Angst bei dem Gedanken, daß sie es tun könnten.

Vielleicht sprengen sie das King David Hotel in die Luft?

Ich erreichte den Bodensee bei Meersburg und fuhr auf die Fähre. Es gab Kaffee und Würstchen. Die Fähre war fast leer. Der Regen schlug auf das Wasser des Sees und wurde von ihm verschluckt.

Die Flüge von München nach Tel Aviv waren eingestellt worden, aber von Zürich flog noch immer jeden Tag eine Maschine der El Al. Als ich ankam, telefonierte ich sofort mit dem Büro in der Stadt. Das Mädchen der El Al hörte sich meine Geschichte an und setzte mich für Montag auf die Warteliste. Sie warnten mich: »Es ist möglich, daß wir morgen nicht mehr fliegen. Wir wissen es nicht. Aber kommen Sie nur am Montag und holen Sie Ihr Billet. Dann müssen Sie eben in Kloten auf dem Flughafen warten.« Ich sammelte in aller Eile Adressen und Briefe ein, Grüße und Telefonnummern.

Das Einpacken war einfach. Die Filmkamera und die Filme wogen mehr als 14 Kilo, zum Schluß blieben nur 4 Kilo für die persönliche Habe. Wer nach Israel geht, solle Taschenlampen und Batterien für die Radios mitnehmen, hatte ich gehört. Ich ließ mein Auto in Zürich stehen. Der Taxifahrer stellte jedes Mal die Uhr ab, wenn er auf mich wartete. Er war auch der erste, der ohne Bedingung oder Frage am Schicksal Israels Anteil nahm. »Ich war vor einem Jahr dort«, sagte er. »Das ist ja so ein kleines Land.« In Jelmoli kaufte ich fünf Taschenlampen zum Wiederaufladen und fünf andere, sehr starke und fünfzig Batterien. »Was wollen Sie denn mit so viel Batterien?«, fragte mich die Kassiererin, und als ich es sagte, nickte sie ratlos mit dem Kopf und murmelte: »Hoffentlich ist er bald vorbei, der Krieg.«

Blieb dies nun ein »kleiner« Krieg, begrenzt auf Israel, Syrien und Ägypten oder würde sich daraus eine Auseinandersetzung der Supermächte entwickeln? War es ein kurzer oder ein langer? Die Kommentatoren der Rundfunkstationen behaupteten, es würde kein langer Krieg. Sie diskutierten über ihn, die Experten, im BBC: Professoren für Strategische Studien, der frühere Verteidigungskorrespondent der *Times,* Wirtschaftsexperten und Experten für den Vorderen Orient. Einen langen Krieg kann es einfach nicht geben, sagten sie, ein langer Krieg würde einen Weltkrieg bedeuten, und es würde keinen Weltkrieg geben. Das klang so gut und überzeugend. Die Panzer, so viele auf der einen Seite und so viele auf der anderen, die Flugzeuge, die Soldaten: Es klang alles so vertrauenserweckend, und es war beruhigend, daß wenigstens diese Professoren wußten, worum es ging und wie lange es ungefähr dauern konnte.

Während ich im Taxi nach Kloten fuhr, erzählte ich dem Fahrer, warum dieser Krieg nicht lange dauern könne, und log ihn an, als ich sagte: »Nein, ich habe keine Angst, warum auch?«

Als er mir dann vor dem Flughafengebäude die Taschen aus dem Kofferraum holte, blieb er einen Augenblick unschlüssig stehen. Er sah mich von der Seite an und sagte dann: »Sie sind doch keine Jüdin ... oder?« Ich sagte: »Nein«. Er entschuldigte sich im voraus und meinte, es ginge ihn im Grunde genommen nichts an, »aber warum fliegen Sie dann eigentlich nach Israel?«

Die Antwort blieb ich ihm schuldig, denn die Antwort auf solche Fragen weiß man immer erst hinterher.

In der Schalterhalle warteten viele Menschen vor den Schaltern der Swissair, die die Abfertigung für die El Al übernommen hatte. Die El Al war die einzige Fluggesellschaft, die noch nach Israel flog. Die Menschen waren entweder ziemlich alt oder sehr jung, sie sahen müde und traurig aus und sie schwiegen: Ganz selten fiel ein Wort. Wir waren von Männern mit walkie-talkies umgeben wie eine Hammelherde von Hütehunden. Sie liefen an den Reihen der wartenden Passagiere entlang und sagten ab und zu etwas auf hebräisch in ihre kleinen Geräte, nachdem sie vorher die Antennen ganz herausgezogen hatten. Auch schweizerische Soldaten mit Maschinenpistolen vor der Brust umstanden uns oder bewachten Fenster und Türen.

Wir mußten fünf verschiedene Kontrollen passieren, es dauerte drei Stunden lang, denn das Flugzeug war bis auf den letzten Platz ausgebucht, und die Kontrollen waren die gründlichsten, die ich je erlebt habe. Wir bekamen auch Merkblätter über das Verhalten im Kriegszustand in die Hand gedrückt, die wir unterschreiben mußten. An langen Tischen öffneten wir unser Gepäck. Als die Beamten meine Kamera und die Schachteln mit den Filmdosen sahen, waren sie zuerst einmal ratlos, denn ich hatte keinen Presseausweis und auch sonst keine besonderen Papiere, und warum flog ich als Deutsche privat mit einer Filmkamera in den Krieg? Die *Times* hatte mir zwar einen Auftrag gekabelt, über die Frauen in Israel zu schreiben, aber dieses Telegramm hatte mich nicht mehr erreicht. Und so stand ich im Flughafengebäude und wußte wieder nichts auf die Frage zu sagen, warum ich nach Israel fliegen wollte.

Dann fanden sie eines meiner Bücher im Gepäck, das ich Freunden mitbringen wollte. Als sie sich das angesehen hatten, war alles gut. Die Kamera mußte ich aufschrauben, aber das ging schnell. Die Filmrollen tolerierte man: Beides wurde extra eingepackt und kam, wie ich später erfuhr, in ein bombensicheres Abteil des Flugzeuges. Die El Al besaß gegen *highjacking* und Terroranschläge schon immer die besten Sicherheitsvorkehrungen. Wir wurden abgetastet, gründlicher denn je, und schließlich in einen großen Schuppen gebracht, wo wir warten mußten und uns kennenzulernen begannen.

Da war die amerikanische Familie, Vater, Mutter und Sohn. Vater und Sohn mit dem Käppchen der gläubigen Juden auf dem Kopf. Der Sohn schluckte immerfort, er mochte vielleicht vierzehn Jahre alt sein. Wir wußten, daß er Angst hatte, und jeder hatte Mitleid. Dann die Soldaten, neun oder zehn junge Männer mit kleinen Bündeln, sonst ohne Gepäck. Sie erzählten sich manchmal halblaut, wie sie aus San Francisco oder Los Angeles gekommen waren, einer kam aus Honolulu und war schon drei Tage unterwegs. Sie waren die einzigen, die ab und zu leise lachten. Sie also eilten zu den Fahnen, wie es früher hieß, in den Krieg, und die anderen fuhren nur einfach heim, aber natürlich auch in den Krieg. Außer mir gab es nur noch einen einzigen, den Photographen einer schweizerischen Zeitung, der fremd war in dieser Familie: Denn eine Familie war das hier ganz ohne Zweifel, eine Familie, die nach Hause flog, weil sich dort etwas ganz Schreckliches zuzutragen schien. Die Balkenüberschrift in der Zeitung, die ich auf dem Flughafen gekauft hatte, hieß: »Jetzt steht ein Israeli gegen vier Araber.«

Die Menschen, die nun schon mehr als drei Stunden auf den Abflug warteten, blieben ungeheuer höflich, aber auch nach drei Stunden sprachen sie kaum miteinander. Ich kann mich nicht daran erinnern, auf einem Flughafen je eine solche Traurigkeit gesehen zu haben. Die Gesichter der älteren Leute trugen einen ganz besonderen Ausdruck. Es war jedenfalls nicht irgendeine Traurigkeit, sondern eine ganz besondere, unverwechselbare, die den Menschen völlig durchdrang und gegen die er sich nicht zur Wehr setzen konnte.

Die Crew des Flugzeuges ging an uns vorbei. Die Männer und Frauen sahen todmüde aus, aber die Mädchen lächelten noch immer ein wenig, vor allem, als sie die Soldaten sahen, die ja auch als einzige gelacht hatten. Das war nun wieder eine andere Generation, in Israel geboren und aufgewachsen und anders dort zu Hause als die Einwanderer.

Ich saß zwischen einem alten Mann mit einem verkrüppelten Fuß und einem anderen, der sehr nervös war, nicht stillsitzen konnte und den ganzen Flug über Sachen ein- und auspackte. Auch er hatte Angst, nur der andere Mann zu meiner Linken schien überhaupt keine zu haben.

Schließlich warteten wir alle angeschnallt auf unseren Sitzen, es wurde ein Lied gespielt: »Schalom, Schalom ...« Und mit Bonbons im Munde erhoben wir uns von der schweizerischen Erde und flogen in den fernen Krieg.

3. Kapitel
Drei Fische im Himmel

Reisen bedeutet für die einen wegfahren und für die anderen ankommen, verlassen oder wiederkommen, aber für mich selbst trifft das schon lange nicht mehr zu, denn ich bin überall und nirgendwo zu Hause, und deshalb überkommt mich oft im Flugzeug ein Gefühl, als würde ich niemals mehr landen, ein Gefühl der Schwerelosigkeit wie beim Tauchen im Meer. Die Richtung läßt sich über den Wolken nur durch die Sonne bestimmen, man fliegt hinter oder vor der Sonne, sie ist links oder rechts, und sie bleibt am Tage, solange man die Erde nicht sieht, der einzige Bezugspunkt. Das macht es auch schwer, irgendwelche bestimmte, eindeutige Gefühle zu haben. Wo flog ich denn hin? In ein Land, das ich noch nie gesehen hatte, von dem ich nur die Namen dreier Städte kannte (Jerusalem, Tel Aviv und Haifa), in dem eine Sprache gesprochen wurde, die ich nicht kannte. Halb eingeschlafen, träumte ich von einem leeren Blatt, einer weißen Seite, auf der nichts stand, und dann schrieb jemand mit einem altmodischen Federhalter und einer Stahlfeder »1. Kapitel« darauf. Der alte Mann zu meiner Linken weckte mich sanft, denn wir bekamen nun etwas zu essen. Ich erinnerte mich ganz langsam an den Federhalter und wo ich ihn zum letzten Male gesehen hatte. Er hatte eine besonders schöne, dunkelrote Farbe, war aus Holz und lackiert. Es muß 1934 oder 1935 gewesen sein, Steffi Leyser schenkte ihn mir, als sie von der Schule verwiesen wurde.

Wir aßen schweigend, der Mann links von mir sehr ordentlich, mein rechter Nachbar kleckerte die ganze Zeit, und jeden Augenblick fiel ihm etwas herunter. Wenn er sich dann bückte, konnte ich kaum noch mein eigenes Tablett vor dem Untergang retten. Da sah ich vor dem Fenster die zweite Maschine. Jemand hatte schon in Zürich gesagt: Aus Sicherheitsgründen fliegen jetzt immer drei zusammen. Sie treffen sich über dem Mittelmeer und fliegen dann gemeinsam bis Lod. Es weiß auch niemand, wann die Flugzeuge starten und welche Route sie jeweils nehmen. Das Gefühl, eine einzige Familie zu sein, verstärkte sich noch, als ich etwas später auch das dritte Flugzeug auf der anderen Seite entdeckte: Wie drei silberne Fische zogen wir nun unbeirrbar durch den Himmel. Die beiden Flugzeuge, silberne Pünktchen im hellblauen Himmel, wirkten winzig und zerbrechlich: Ich hatte das Gefühl, daß ich mich nicht auf einem Flug von einem Ort der Erde zu einem anderen befinde, sondern auf einer Reise zu einem anderen Stern.

Wir begannen uns zu unterhalten. Der Mann mit dem verkrüppelten Fuß ist Arzt, Professor der Gynäkologie, er hatte eine Weltreise unterbrochen. Seine beiden Söhne sind Piloten, deshalb setzte er sich immer ans Fenster, um sich wenigstens vorstellen zu können, wie ihnen zumute war, wenn sie flogen. Jedesmal, wenn er von seinen Söhnen gesprochen hatte, sah er eine Weile schweigend aus dem Fenster, aber er klagte nicht. Wir sprachen auch nicht direkt über den Krieg. Er erzählte mir von einem deutschen Freund in Frankfurt, der ihn in der Nacht in seinem Wagen von Frankfurt nach Zürich gebracht hatte, weil von Frankfurt keine Maschinen mehr flogen, nicht einmal die der El Al. Dabei sagte er mehrere Male ganz erstaunt: »Es gibt ja eben doch noch Freunde.«

Als sei das eine ganz besondere Sache, daß einer seinen Freund in der Nacht von Frankfurt nach Zürich fährt, damit dieser nach Hause kann, weil es dort nun plötzlich einen bitteren und blutigen Krieg gibt.

»Ach«, sagte er plötzlich, »diesmal habe ich zum erstenmal vergessen, meiner Frau Parfum mitzubringen. Da wird sie aber traurig sein«, und er fragt den Steward, ob man welches an Bord kaufen könne.

Es sind mehr als fünf Stunden vergangen, als sich der Flugkapitän meldet. Seine Stimme klingt fast fröhlich. »Unter uns«, sagt er, »sehen Sie die Küste von Israel. In wenigen Minuten werden wir in Lod landen.« Dann spielen sie wieder ein israelisches Lied. Viele singen leise mit, zwei oder drei weinen auch, der Mann zu meiner rechten schluckt und schluckt und verliert wieder seine Sachen, der andere sieht immer noch zum Fenster hinaus. Das tut jetzt jeder, und als die Musik aufhört, ist es vollkommen still im Flugzeug. Die drei silbernen Fische am Himmel schwimmen über Lod im Kreis herum und tauchen immer tiefer zum Meeresgrund.

Als die Maschine aufsetzt, fangen alle auf einmal zu reden an. Von nun an, das wissen wir, von nun an sind wir auf jeder Seite von Feinden umgeben: wie in einer Falle.

4. Kapitel
Schalom, Schalom …

Wie Trauben hingen die Menschen an der großen Glaswand, ein riesiges Fresko von Gesichtern, gespannten und erlösten, von Armen, die winkten, und geschwenkten Tüchern, von Mündern, die offenstanden und etwas riefen, was wir auf dieser Seite nicht verstehen konnten. Und dann auf der anderen Seite ein Umarmen ohnegleichen. Sie mußten Stunde um Stunde gewartet haben, vielleicht sogar Tage, denn niemand wußte mehr, welche Flugzeuge flogen und wann und von wo. Und so warteten Mütter und Väter, Freundinnen, Schwestern Brüder und Kinder. Jetzt war die Freude unbeschreiblich. Immer wieder hörte man »Schalom. . .«, »Wie geht es Euch . . .«, »Daß Ihr nur da seid . . .« Auch die, die sonst hebräisch sprachen, sagten es in der Sprache des Landes, in dem sie aufgewachsen waren, deutsch, russisch, englisch, französisch.

Ich sah die beiden alten Genfer noch einmal, die schon in Zürich am stillsten gewesen waren. Jetzt strahlten sie und standen bei ihren Kindern und Enkeln und sagten »bientôt« zu mir und »bon courage« und dann »Schalom«. Der Professor mit dem verkrüppelten Fuß schrieb mir noch seinen Namen und seine Adresse auf einen Zeitungsrand, dann hinkte er schnell und entschlossen neben seiner kleinen Tochter zum Ausgang, aber er drehte sich noch einmal kurz um an der Tür und nickte mir zu.

Ich fragte am Touristenschalter, der noch immer in Betrieb war, wie ich nach Aschkelon käme. »Da müssen Sie ein Taxi nehmen, hier sind die Preise.« »Und wie weit ist das?« »Ungefähr siebzig Kilometer, an der Küste. Jeder kannte Aschkelon. »Aschkelon?«, hatte mein Nachbar im Flugzeug gefragt, »zum Hotel Shulamit Gardens? Das ist am Strand.« »Ist das eine alte Stadt?«, hatte ich gefragt. Er sah mich ungläubig an und fragte:

»Haben Sie denn nie die Bibel gelesen? Die Bibel ist doch voller Geschichten über Aschkelon!«

Am Touristenschalter hatte man mir die offizielle Preisliste für die Taxen gegeben. Nach Aschkelon kostete es am Tage dreißig israelische Pfund, nachts fünfzig. Die Pfunde hatte ich in Zürich auf dem Flughafen eingetauscht: »Die verschenken wir jetzt fast«, hatte der Bankbeamte gesagt und mir einen dicken Haufen Scheine ausgehändigt.

Die Taxifahrer rissen sich um die Kunden, man konnte sie einfach nicht abschütteln. Die meisten fahren, wenn sie nicht abgeholt werden, von Lod aus mit dem Taxi nach Hause, auch nach Jerusalem oder Haifa oder an den See Genezareth, denn nirgendwo hin ist es weit, außer nach Eilat am Roten Meer. Und eine Fremde, die mitten im Krieg spät am Abend ankommt, muß ja auch irgendwo hin. »Nach Aschkelon?« antworteten sie. Ich ziehe meine Preisliste heraus und sage: »Fünfzig«. Da verschwinden, bis auf einen, alle Taxifahrer, und dieser eine beginnt zu lamentieren, daß es jetzt so dunkel und gefährlich sei, mitten im Krieg in der Nacht nach Aschkelon zu fahren. Aber sein Taxi steht weit weg, er gehört nicht zu den Privilegierten, die direkt neben dem Ausgang parken, und tatsächlich willigt er ein, mich zum offiziellen Preis nach Aschkelon zu fahren, jammerte dabei aber zum Gotterbarmen. Seine Scheinwerfer hat er blau angepinselt, dabei aber keine Schlitze offengelassen; nach einigen Metern merke ich, daß er nichts sieht und empfehle meine Seele dem Himmel.

In Tel Aviv ist es warm wie im Hochsommer. Überall sieht man Soldaten in ihren olivgrünen Uniformen, ohne Abzeichen, ohne Orden, Offiziere und Soldaten alle gleich, dieselben hohen Schnürschuhe, dieselben Hemden und Hosen, der General wie der Gefreite: alle gleich. Die meisten tragen eine Maschinenpistole und ein winziges Bündel, sonst nichts. Sie stehen bis nach Aschkelon überall an der Straße. Wenn sie rechts von uns stehen, wollen sie zur Sinaifront, warten sie auf der linken Straßenseite, kommen sie von dort oder fahren an die andere Front, zu den Golanhöhen.

Eine Zeitlang fahren wir hinter riesigen Sattelschleppern, auf denen Panzer transportiert werden. Manchmal kommen uns auch welche entgegen mit zerschossenen Panzern. Es riecht nach Salbei, Thymian und Rosmarin. Der nächtliche Himmel ist klar, voller Sterne und einem abnehmenden Mond. Der Taxifahrer hält, nimmt einen Mann mit und biegt nach einigen Kilometern von der Straße auf eine Nebenstraße ein. Mir ist das nicht geheuer, aber wir fahren nicht weit und halten bald vor einem Gebäudekomplex. Vor dem Eingang stehen Krankenwagen, aus denen im Laufschritt Bahren in das Gebäude getragen werden. Der Mann in unserem Wagen wartet nicht, bis der Wagen richtig hält, er springt aus dem noch fahrenden Taxi und läuft in das Gebäude. Wir wenden, und auf dem Weg zur Hauptstraße sagt der Taxifahrer entschuldigend: »Der ist Arzt.« Dann erzählt er mir, wie er 1945 in Berlin von der russischen Armee desertiert ist und seit jener Zeit in Israel lebt. Sein Sohn ist jetzt zum zweiten Mal im Krieg.

Im zweiten oder dritten, ich kann das nicht so genau hören, denn über uns fliegt ein Geschwader Phantomjäger zum Kanal, und Hubschrauber kommen aus dem Süden zurück. Der Mann ist jetzt ganz in seine Erinnerungen versunken. Er sieht offensichtlich überhaupt nichts mehr, jedesmal wenn uns ein Fahrzeug entgegenkommt, steuert er darauf zu wie eine Motte zum Licht.

Ich biete ihm an, selbst zu fahren, und nach einigem Hin und Her willigt er ein. Viel mehr als er sehe ich auch nicht, aber ich halte mich an den rechten Straßenrand, bis ich merke, daß ich kaum die Soldaten erkenne, die in ihren olivgrünen Uniformen im Dunkeln nicht zu sehen sind. Ich frage: »Fahren Sie heute abend noch zurück nach Tel Aviv?« und der desertierte Soldat der sowjetischen Armee, geradeso alt wie ich, 1926 in Rostov am Don geboren, sagt: »Meine Frau wird verrückt, wenn ich nicht komme. Wissen'se, das ist fast das Schlimmste an diesem Krieg, den ganzen Abend und die ganze Nacht fragt se mich: »Dan, wie wird's denn ausgehen? Dan, was wird denn nun werden? Dan, ob er wohl wiederkommt, das Davidl, glaubst Du denn, daß das Davidl wenigstens wiederkommt? Dan, glaubst Du denn, sie werden anfangen und mit den Raketen schießen? Ich kann es nicht mehr hören, die ganze Nacht geht das so.«

Ich fahre den Schildern nach und werde dabei immer müder. Kurz vor Mitternacht sind wir in Aschkelon. Ich wecke Dan auf, denn ich weiß ja nicht, wie ich zum Shulamit Gardens Hotel fahren muß.

Dan weiß es auch nicht, und so fahren wir einfach die Straße am Strand entlang, bis wir zu einem Hotel kommen, vor dem Wagen und Wohnwagen mit römischen Nummern stehen. Dan reicht mir meine Taschen, und ich gebe ihm nun doch mehr Geld. Er freut sich, sagt »Schalom« und fährt weg, mitten auf der Straße. Ich überlege die ganze Nacht, ob er wohl gut nach Hause gekommen ist.

Im Shulamit Gardens Hotel herrscht Durcheinander: Vierzig italienische Filmleute sind angekommen und über hundert kranke und verletzte Soldaten: Männer, die bei den Kämpfen einen Schock erlitten haben. Für eine Nacht kann ich ein Zimmer bekommen, länger nicht, länger auf keinen Fall. Im Dunkeln streckt jemand die Hand aus und sagt: »Hallo ... wie geht's Dir denn?« Dann fragen alle gleichzeitig, wie es mir geht, wie es in Europa so geht, was man über diesen Krieg sagt und wann er zu Ende sein wird. »Sie sind heute aus Zürich hergeflogen?« Jeder freut sich: Dann kann es ja nicht so schlimm sein.

Meine Taschenlampen sind ein Geschenk des Himmels, im Hotel ist kaum Licht, dauernd stolpert irgendwer fluchend über irgend etwas, fällt die Treppen hinauf oder hinunter. Ich habe großen Hunger, aber es gibt nichts mehr im Restaurant. Jemand schenkt mir ein hartes Ei. Dann gehen wir alle ins Bett.

Vom Fenster aus sehe ich das Meer und den Sand und ab und zu Lichter vom Hafen von Aschdod, dann tauchen plötzlich schemenhafte Umrisse von Schiffen auf, die sich schnell nach Süden hin bewegen. Auf dem Gang lärmt jemand. Als ich die Türe öffne, steht ein nackter Soldat draußen, schlägt mit den Fäusten an die Wand und weint.

Gegen drei Uhr morgens wache ich von den Flugzeugen auf, die nun über eine Stunde lang Aschkelon überfliegen: Phantom- und Miragejäger, dickleibige Transportflugzeuge und Hubschrauber mit Raketen unter dem Bauch, zwei Fieseler Störche, ein Miles Messenger, alles was Flügel hat, fliegt in dieser Nacht über Israel. Es ist die zweite Woche des Krieges.

5. Kapitel
Am Strand

Als erstes legte ich am nächsten Morgen einen Film in die Kamera. Aber ich habe dann im Shulamit Gardens doch nicht gefilmt, denn ich schämte mich, wenn ich durch das Objektiv sah und die Gesichter mit einem Knopfdruck so nah zu mir heranholen konnte, bis sie vor meinem rechten Auge das ganze Fenster füllten. Deshalb trug ich schon nach einigen Minuten die Kamera auf mein Zimmer und unterhielt mich mit den Soldaten und den Italienern, die hierhergekommen waren, um einen Film zu drehen, der »Moses« heißen sollte, »Moses, der Gesetzgeber«, stand groß an ihren Autos. Und auf die Kühler der Minibusse hatte man die italienische Fahne gemalt. Das war wohl mehr für den lieben Gott gemeint als für die arabischen Flugzeuge.

Dann besorgte ich mir ein Zimmer im King Shaul Hotel, gleich oberhalb von Shulamit Gardens. Man mußte nur fünf Minuten auf einem schmalen Weg durch ein sandiges, etwas verwahrlostes Gelände laufen. Das King Shaul Hotel war völlig leer und ich der einzige Gast. In der Halle, gleich hinter der Glastür, lag ein weißer Hund und schlief. Nachdem ich mich in meinem neuen Zimmer eingerichtet hatte, ging ich wieder hinunter zum Shulamit Gardens Hotel, um zu frühstücken. Es gab alles, was man sich nur wünschen konnte. Der Krieg schien weit weg. Die Vorhänge waren aufgezogen. Gleich neben dem Restaurant lag der Swimming-pool, hellblau, umstanden von bunten Liegestühlen und Sonnenschirmen.

Es gab viererlei Quark und vielerlei Käse, gekochte Eier, marinierten Fisch und geräucherten Fisch, Paprika und Zwiebeln, Semmeln, Butter, Marmelade, Kaffee, Tee, Früchte. Das Restaurant war in der Mitte geteilt, auf der einen Seite aßen die Soldaten, auf der anderen wir. Die meisten Soldaten waren nicht verletzt, sondern krank, und die wenigen Verwundeten waren meist nur an einem Finger, am Fuß oder am Ellbogen verletzt. Auch sie waren krank. Viele benahmen sich ganz ruhig und unauffällig, man sah nur ihren Augen an, daß sie krank waren, aber einige taten die merkwürdigsten Dinge. Da war einer, dünn und lang wie Don Quichotte, der sich in einer Art Tanz vorwärts bewegte, manchmal tanzte er auch rückwärts und seitwärts, aber immer gelang es ihm am Ende irgendwie, dorthin zu kommen, wohin er wollte. Dann sank er erschöpft auf einen Stuhl und blieb stundenlang regungslos sitzen. Überhaupt schien es den meisten Soldaten am schwersten zu fallen, einen Weg zu bewältigen, sich von A nach B zu begeben: Viel lieber saßen sie irgendwo still in sich versunken. Keinen sah ich je lesen. Einer humpelte mal mit dem rechten Bein, mal mit dem linken, und ein anderer hatte mal den einen Arm in der Schlinge und mal den anderen. Die, die sie betreuten, ließen sie gewähren, versuchten aber, die Soldaten den ganzen Tag über zu beschäftigen.

Einige sprachen englisch, italienisch oder deutsch, und wir versuchten, uns mit ihnen zu unterhalten. Sie hatten ausnahmslos vom ersten Tag an an der Sinaifront gegen die Ägypter gekämpft und waren nun, wie sie sagten, verwundet. Wenn wir sie fragten »wo«, sagten sie »am Fuß«, oder »an der Hand« und gingen darauf nicht näher ein, oder sie hielten den Arm eine Weile so, als täte er ihnen weh, oder humpelten einige Schritte, wenn sie aufstanden. Daß sie aber richtig krank waren, konnte ihnen jeder ansehen. Am ersten Tag erzählten sie wenig, redeten nur so hin und her, saßen in der Halle und neben dem Swimmingpool und starrten vor sich hin. Immer mehr wurden von den Krankenwagen und von Minibussen gebracht, und in manchen Zimmern standen inzwischen schon fünf Betten.

Meine Freunde erzählten mir, wie der Krieg angefangen hatte. Es war Sabbat, Jom-Kippur, höchster Feiertag der Juden, alle hatten nach vielen Drehtagen in der Wüste lange geschlafen. Zuerst sagte es ihnen auch niemand, sie konnten ja auch nicht hebräisch und kamen nicht auf den Gedanken, daß es eine besondere Bedeutung haben mußte, wenn das Fernsehen zu einer unüblichen Zeit zu senden begann. Dann waren Flugzeuge ganze tief über Jerusalem hinweggeflogen, und auf den sonst am Sabbat leeren Straßen rasten Autos, Lieferwagen, Busse und Lastwagen, Limousinen und Taxis entlang; alles was nur fahren konnte, fuhr mit einemmal. Überall standen jetzt auch Soldaten an den Ecken, auf allen Straßen. Die israelischen Schauspieler verschwanden oder kamen noch einmal für eine Viertelstunde in Uniform wieder, um sich zu verabschieden und der Produktionsleitung von *Moses* Bescheid zu sagen. Am Abend hatte dann die Verdunkelung begonnen, und in der Nacht hörten meine Freunde im King David Hotel Stunde um Stunde Panzer, Geschütze und Lastwagen vorbeirollen. Sie fuhren an der Stadtmauer von Jerusalem entlang, die nun nicht mehr angestrahlt wurde und aussah wie aus einem Bilderbuch, sondern im Dunkeln lag. »Was für eine Kulisse!« sagten meine Freunde. »Sie fuhren die ganze Nacht lang hinauf nach Norden, ohne jedes Licht, und oft war kaum mehr als ein Meter Abstand zwischen dem einen und dem nächsten Fahrzeug, Panzer hinter Panzer, Geschütz hinter Geschütz, und dazwischen die Soldaten und die Munition auf Lastwagen.« Dann waren meine Freunde auf die Straße vor das Hotel hinuntergegangen. Sie hatten die Soldaten singen hören, und jemand, der dazukam, übersetzte ihnen das Lied.

Zuerst hatte niemand Zeit, über das, was geschehen war, nachzudenken; einige Tage lang fuhren sie zwischen Sattelschleppern mit Panzern, Geschützen und Soldaten noch in die Wüste bei Jericho und versuchten, den Moses-Film weiterzudrehen. Sie errichteten die Zelte, trieben Kamele, Ziegen und Schafe vor die Kamera, spielten und redeten. Aber jetzt flogen die Staffeln der israelischen Luftwaffe tief über die Wüste hinweg, nach Norden, den Jordan hinauf. Und man verstand sein eigenes Wort nicht mehr, Moses nicht, was Mirjam sagte und Mirjam ihren Bruder nicht. Die Produktionsleitung hielt eine Versammlung ab, stellte es jedem frei, zurück nach Rom zu fahren und bezahlte jedem drei Telefongespräche nach Hause. Die Schauspieler beschlossen einstimmig zu bleiben. Vier Techniker fuhren später ab, nach einigen Tagen folgten ihnen drei andere. Die Frauen blieben, bis auf eine, die von ihrem Mann abgeholt wurde. Es wurde beschlossen, das Jordantal zu verlassen, auf dessen anderer Seite Husseins Land begann, und an die Mittelmeerküste nach Aschkelon zu fahren. Auch dort gibt es Sand und Gesträuch, Palmen, Kamele, Esel, Ziegen und Beduinen.

Alle redeten zu dieser Zeit noch immer davon, daß der Krieg in wenigen Tagen zu Ende sein würde. Vom Gewinnen sprach niemand, aber auch nicht vom Verlieren. Mit dem offiziellen Eintreten der Supermächte für ihre Schützlinge konnte ihn ja keiner mehr gewinnen, keiner mehr verlieren. Wie viele sich an den Fronten auch gegenseitig totschossen, der Ausgang war jetzt klar, mochten sie auch um jeden Zentimeter Wüste und verkarstetes Land im Süden und im Norden erbittert kämpfen und ihr Blut vergießen, die Söhne Israels und die Krieger Allahs entschieden nun nichts mehr. Aber sie kämpften trotzdem weiter, was die einen verloren, gewannen die anderen, der, den die einen totschossen, zählte zu den Verlusten der anderen.

Wir gingen zum Baden ans Meer, vorbei an einem römischen Grab, das aussah wie eine elegante rustikale Sauna, wohlproportioniert und bequem. Die Schilder, auf denen »Baden verboten« stand, übersahen wir geflissentlich, merkten aber bald, wie gefährlich die Küste wegen der starken Brandung hier war. Außer uns besuchte in dieser zweiten Woche des Krieges niemand mehr den Strand, die Touristen waren abgereist. Die anderen hatten keine Zeit, jeder, der sonst Zeit hatte, arbeitete irgendwo, auch die Alten und die Kinder, die nun die Briefe austrugen.

Wir waren in Aschkelon von den Fronten im Norden und Süden ungefähr gleich weit entfernt, aber zwischen uns und dem Kanal lag nur die Wüste. Wir sprachen deshalb immer nur von den Ägyptern. Die Flugzeuge flogen am frühen Morgen, noch in der Dunkelheit, stets nach Süden und kamen am Abend von dort zurück: Anstatt Raketen hatten die Hubschrauber nun Verwundete an Bord, und manchmal schnallte man die Tragbahren auch auf beiden Seiten außen an die Kufen. Einer nach dem anderen kehrte so zurück, und jeder sah ihnen nach und schwieg. Und dann sagten auch manchmal die, denen es sonst nicht im Traume einfällt, so etwas von einem Flugzeug zu sagen: »Die sehen aber müde und traurig aus.«

Am zweiten Abend gingen wir kurz vor Mitternacht an den Strand, stellten das Radio leise an, badeten und tranken dann langsam den Whisky aus, den ich mitgebracht hatte. Wir blieben, bis am Morgen wieder die Flugzeuge kamen, Welle auf Welle. Wir glaubten im Süden Feuer am Horizont zu sehen und von dort ein langgezogenes dumpfes Heulen zu hören.

Am nächsten Morgen wurde endgültig beschlossen, den Moses-Film südlich von Aschkelon weiterzudrehen. Nun galt es nur noch, Beduinen mit Kamelen, Eseln und Ziegen zu finden und einen Lastwagen für den Transport aufzutreiben. Vor allem aber brauchten wir jemanden, der auf arabisch mit den Beduinen verhandeln konnte, denn unser Beduinen-Fachmann war längst an der Front und damit beschäftigt, den Übergang der israelischen Truppen nach Ägypten vorzubereiten. Ich sollte mit dem Bus in die Stadt fahren, um einzukaufen: Borsalbe aus der Apotheke und Augentropfen, Kugelschreiber, Obst und etwas zum Anziehen für mich, denn alles, was ich mitgebracht hatte, war viel zu warm.

Der Bus kostete fast gar nichts, noch nicht einmal ein Pfund. Ich erfuhr bei dieser Gelegenheit, daß man Israel von der libanesischen Grenze im Norden bis nach Aschkelon im Süden für umgerechnet zehn Mark durchqueren kann, und von Tel Aviv an der Küste bis nach Jerusalem kostete die Reise nur drei Mark.

Der Bus füllte sich sehr schnell, nicht nur mit Israelis, sondern auch mit Araberinnen und ihren Kindern. Vor 1948 war Aschkelon vorwiegend von Arabern besiedelt gewesen. Gegründet wurde es durch die indogermanischen Philister, und Jahrtausende lang galt es als eine der wichtigsten Städte an der großen afrikanisch-asiatischen Karawanenroute. Zum Gebiet der alten israelitischen Stämme hat es niemals gehört, war vielmehr vieler Herren Beute und Sitz: Philister, Ägypter, Griechen, Römer, Kreuzritter, die Liste ist noch länger. In der Bibel und in den Geschichtsbüchern kann man es nachlesen, aber auch auf den Gesichtern im Bus nach Aschkelon. Sie waren fremder als andere, die ich vorher in Israel gesehen hatte, hitziger, aggressiver, in einigen schien etwas zu lauern, sie warteten — worauf?

Zuerst durchfuhren wir einen Ortsteil, in dem ursprünglich die ersten jüdischen Einwanderer lebten. Lange Reihen von Pappdeckelhäusern, die Wäsche hing bunt auf jedem Balkon, manchmal schepperte ein abgerissener Fensterladen im Wind, es schien alles hastig aufgestellt und schon wieder kaputt. Die

Menschen verschwendeten offensichtlich keine Zeit auf ihre Wohnungen und Häuser, sie hielten sie nur gerade eben instand. Straßen und Gehsteige wirkten unaufgeräumt: Als sei dieses Land dauernd in Eile und habe keine Zeit, sich um Nebensächlichkeiten zu kümmern.

Vor einer Reihe von Häusern standen schilfgedeckte Schuppen, zuerst dachte ich, sie seien für die Kaninchen oder Hühner bestimmt, aber dann erklärte mir jemand, man habe sie für das Laubhüttenfest gebaut. Nach ungefähr einer Viertelstunde erreichten wir das Zentrum der Stadt, eine einzige lange, enge Straße mit einigen Läden in den Seitenstraßen, zwischen den Läden war kaum Platz für die Haustür.

Während der ganzen Fahrt hatte der Busfahrer das Radio spielen lassen, ein Rabbi sprach mit schöner dunkler Stimme hebräisch, und wenn er »Israel« sagte, hob sich seine Stimme, er betonte das Wort auf der ersten Silbe, es klang wie eine Klage. Es war einer der schlimmsten Tage im Jom-Kippur-Krieg, und jeder spürte das, die Araber Aschkelons ebenso wie die Israelis.

Die Apotheke stand gleich neben der Endstation des Busses. Ich fragte zuerst, in welcher Sprache wir uns unterhalten könnten. Der Apotheker nannte sieben: hebräisch, englisch, französisch, deutsch, spanisch, russisch und polnisch. Er sagte mir auch, wo ich am besten Datteln, Feigen und anderes Obst kaufen könne (bei einem Araber), wo ich eine Hose und ein Hemd günstig erstehen könne (bei einem italienischen Juden), wo es frischen Schafskäse gab und wo Nadel, Faden und eine Schere.

Beim arabischen Obsthändler hörten alle gespannt auf eine Rede im Radio, ich glaube, es war Sadat, der sprach. Sie hörten mit ernster Miene zu, ihre Gesichter verrieten aber niemandem, ob das, was sie vernahmen, gut oder schlecht war, ob es ihre Zustimmung oder ihre Ablehnung hervorrief: Man merkte nur, es ging ihnen nahe, berührte alles, was sie dachten und fühlten.

Ich konnte es in der Stadt deutlich wahrnehmen, an jeder Ecke, in jeder Straße, vor jedem Haus: Es war ein gefährlicher Tag, dieser heiße Tag im Oktober in der zweiten Woche des Krieges. Und obwohl ich nirgendwo in der Stadt an diesem Abend einen Soldaten gesehen habe, spürte man die Nähe des

Krieges. Obwohl Aschkelon 300 Kilometer vom Kanal entfernt liegt, war es doch Grenzstadt. Wenige Kilometer südlich lag Gaza und damit die alte israelisch-ägyptische Grenze vom Sechs-Tage-Krieg von 1967. Später bemerkte ich beim Lesen der Zeitungen, daß nirgendwo so viel geraubt und gestohlen wird, wie in Aschkelon: Das muß dort schon ein festes Gewerbe sein, dachte ich mir. Überhaupt blieben mir die Menschen bei meinem ersten Besuch fremd und unheimlich, und ich nahm mich, ohne besonders darüber nachzudenken, vor ihnen in acht. Es war auch der einzige Ort in Israel, in dem uns etwas gestohlen wurde. Eines Nachts verschwand ein Anhänger mit einem großen Generator, Burt Lancasters Kühlschrank, Tonbandgeräten und Radios.

Das Essen im Hotel wurde noch immer von Kellnern in weißen Jacken serviert, auf der einen Seite den Soldaten, auf der anderen Seite uns. Nach dem Essen gingen wir in die Bar und tranken weißen Avdat-Wein. Manchmal setzten sich nun die Soldaten an unseren Tisch und fingen zu erzählen an: Am liebsten saßen sie jedoch mit uns in den großen Sesseln im Foyer, weil es dort fast dunkel war und das Reden leichter ging. Es drängte sie danach, uns etwas zu erzählen, sie wußten nur nicht, wie. Aber eines Abends setzten sich zwei zu uns und erzählten uns vom Krieg, der für sie nur drei Tage gedauert hatte, den sie jedoch nicht mehr los wurden. Der eine beschrieb, wie die Ägypter angegriffen hatten: tausend Panzer, und dahinter und daneben Tausende von Soldaten. »Wie die Ameisen«, »nein«, sagte der andere, »wie die Bienen am Honig haben sie sich an unseren Panzer gehängt. Und wir haben geschossen und geschossen und dahinter kamen wieder welche und hinter ihnen wieder welche, und wir haben geschossen und geschossen.« Er klammert sich plötzlich an den Armlehnen des Stuhles fest, sein Körper schüttelte sich, und er schrie plötzlich: »tack-tack-tack-tack-tack«, wie es Kinder tun. Er fuhr da im Foyer des Shulamit Gardens Hotel in Aschkelon noch immer in seinem Panzer durch die Sinaiwüste und schoß und schoß, und es graute ihm aufs neue bei dem Gedanken an diese Panzer. »Tausend Panzer, und kaum hatte man einen abgeschossen, rollte der nächste heran. Und die Soldaten, und ich wollte nicht schießen«, sagte er ganz leise und saß einen Augenblick lang still, mit weit offenen Augen. Dann fuhr er wieder in seinem Panzer, schüttelte sich, lenkte, drückte ab und schrie: »tack-tack-tack-tack«.

»Und dann ist uns die Munition ausgegangen.« Er drückte verzweifelt an unsichtbaren Knöpfen, nichts geschah.

»Und dann?« fragten wir.

»Dann«, sagt er, dann sind wir in die Luft geflogen. Ich bin der einzige, der noch lebt. Ein anderer Panzer hatte ihn am Abend mit zurückgenommen, aber er zitterte so, daß er bei jedem zweiten Schritt der Länge nach hinfiel. Man flog ihn ins Lazarett, und jetzt sollte er sich im Hotel Shulamit Gardens am Meer erholen. Das war seine Geschichte.

Eines Tages kamen zwei Journalisten, ein Norweger und ein Schwede. Sie wollten eine der Schauspielerinnen interviewen. Danach setzten wir uns mit ihnen an die Bar, tranken Whisky und hörten ihnen zu. Sie waren schon an beiden Fronten gewesen, sowohl auf den Golanhöhen als auch auf der Sinaihalbinsel. Sie hatten vorher schon viele Kriege gesehen, in Biafra und Bangla Desh, in Korea und Vietnam.

»Die waren vielleicht schlimmer, es sind ja sicher viel mehr Menschen umgekommen, aber sie waren nicht so schrecklich.«

»Nicht so schrecklich?« fragten wir ihn.

»Ja, nicht so schrecklich. Dieser Krieg ist entsetzlich. Ich will Ihnen etwas erzählen. Vor drei Tagen sind wir in eine Panzerschlacht geraten. Unser Liaisonoffizier wußte nicht mehr genau, wo wir waren, und plötzlich steckten wir zwischen den Panzern, mittendrin, und sind vom Wagen weggerannt auf einen Hügel, weil wir gar nicht mehr wußten, wo wir waren. Ich meine, welche Panzer den Israelis gehörten und welche den Ägyptern und wo die Front verlief. Auf dem Hügel gruben wir uns mit den Händen in den Sand ein. Vor uns waren vielleicht zweitausend Panzer, so weit wir sehen konnten, war die Wüste mit Panzern und Soldaten bedeckt, und die Granaten und Raketen wurden ohne jede Pause gefeuert, auf beiden Seiten, und die Panzer flogen in die Luft, manchmal einer nach dem anderen, der Reihe nach, auf beiden Seiten. Die Toten lagen neben den Panzern.«

Der Norweger machte eine Pause und suchte verzweifelt nach einem Wort, schließlich fand er es:

»Es war alles so dumm!« sagte er plötzlich. »Ich fühlte ein beinahe unbezähmbares Verlangen, auf den Hügel zu steigen, meine Arme auszubreiten und zu schreien ›Um Gottes willen, so hört doch endlich auf damit!‹.« Er war nun tatsächlich aufgestanden und stand mit ausgebreiteten Armen vor uns, während er dies sagte. Wir schwiegen betroffen und wußten nicht, warum dieser Krieg so anders war oder anders sein sollte, als andere Kriege zuvor, und ob sich wohl die Kriege verändert hatten oder die Menschen?

Wir lebten in dieser Woche in Shulamit Gardens wie Schiffbrüchige auf einer Insel, unterschiedliche Anlässe hatten uns zusammengeworfen, von allem aber, was uns sonst umgab, waren wir losgelöst. Angst und Unsicherheit wurden einerseits größer, andererseits war es besser, in diesem Krieg in Aschkelon zu sitzen als in Europa. Außerdem gingen wir mehrmals am Tag an den Strand und badeten, legten uns in die Sonne, wurden braun, erzählten uns Geschichten und sahen den Flugzeugen zu, an die wir uns jetzt schon gewöhnt hatten.

Dann, eines Nachts, dröhnten mehr Maschinen am Himmel vorüber als je zuvor, vom Meer her hörten wir schießen und überhaupt hatte sich eine wachsende Unruhe ausgebreitet, die sich auch auf die Soldaten übertrug. Am nächsten Tag erfuhren wir, daß die Israelis den Kanal überschritten hatten und in Richtung Kairo vorzudringen schienen. Der Krieg würde also nicht so schnell vorüber sein. Die Produktionsleitung beschloß, noch zwei Tage zu drehen und dann nach Hause zu fahren, zurück nach Rom. Man überlegte, ob man den Moses-Film in Spanien beenden sollte, denn dort gab es ja auch wüstenähnliche Landschaften. Bei den Italienern und den Hauptdarstellern herrschte große Erleichterung, nichts hatte alle so zermürbt wie die Ungewißheit. Nun wußte man wenigstens, woran man war: Burt Lancaster würde in Rom den Ausgang des Krieges abwarten, und ging er nicht bald zu Ende, so mußte man sich eben tatsächlich nach anderen, friedlicheren Wüsten umsehen.

Ich bat um Erlaubnis, beim Filmen eigene Aufnahmen zu machen. »Jetzt ist es schon egal«, sagten sie, und fügten ein wenig traurig hinzu: »Vielleicht ist Ihr Moses der einzige, der ins Fernsehen kommt ...«

Wir badeten ein letztes Mal vor Aschkelon im Meer. Ein Soldat kam vorbei, einer, den wir nicht kannten, er blieb unschlüssig stehen, dann setzte er sich. Er hatte sich freiwillig als Krankenpfleger gemeldet und dann eines Nachts versucht, sich die Pulsadern aufzuschneiden, an beiden Handgelenken trug er Heftpflaster. Er erzählte das, als sei es die komischste Sache der Welt. Er erzählte uns auch, wie gut alles organisiert war, einmal habe man sogar auf dem Schlachtfeld einem ganz jungen Soldaten das Bein amputiert und ihm so das Leben gerettet.

»Sie haben die Panzer in einen Halbkreis gestellt. Sie haben immer weiter gefeuert. In der Mitte stand das Zelt, wo wir operierten.« Er zeichnete mit dem Finger einen Halbkreis aus sieben Panzern in den Sand, deren Geschützrohre nach außen gerichtet waren, und in der Mitte ein kleines Zelt. Verglichen mit den Panzern war es geradezu winzig.

»Und da«, zeigte er mit dem Finger auf das winzige Zelt, »da haben wir operiert.«

Nicht weit von uns setzte sich ein junges Mädchen im Bikini in den Sand, der Soldat stand nach einer Weile auf und setzte sich neben sie. Später ging sie baden, als sie wiederkam, rieb er sie mit Sand trocken, ließ die Körner aus seiner Hand in ihren Nabel rieseln, kurzum, spielte mit ihrem nackten Bauch und dem Sand und hatte den Krieg und das winzige Zelt und die Panzer ringsum vollkommen vergessen.

Ein Junge, noch keine sechzehn Jahre alt, kam auf einem Araberhengst angeritten und produzierte sich vor uns. Er trug nur eine Badehose und ritt das Pferd ohne Sattel. Es war ein junges schönes Pferd, er wendete es, es tänzelte zwischen uns und dem Meer, manchmal spritzte das Wasser auf und funkelte in der Sonne.

Da hörten wir wieder die Hubschrauber aus dem Süden ankommen, diesmal waren es mehr denn je, und einer zog eine lange schwarze Fahne hinter sich her. Er landete bald darauf ganz in der Nähe. Der Soldat hatte sich neben das Mädchen auf den Rücken gelegt, die Hände unter seinem Kopf, er rührte sich nicht. Auch das Pferd stand still, halb im Wasser, und der Junge schirmte seine Augen ab und sah den Hubschraubern nach.

Wir standen auf und gingen langsam ins Hotel zurück, wo der Produktionsstab mitten in den Vorbereitungen für den vorletzten Drehtag steckte. Man hatte auch Soldaten bereitgestellt, die *Moses* in der Wüste bei Aschkelon Schutz gewähren sollten.

6. Kapitel
Crack up

Am nächsten Morgen fuhren wir sehr zeitig nach Süden. Mehr Panzer denn je rollten in Richtung Ägypten, und auf Tiefladern wurden zerschossene russische Panzer aus der Sinaiwüste zurückgebracht. Die Israelis in unserem Minibus freuten sich wie die Kinder, als sie die vielen erbeuteten Panzer sahen.

Der Fahrer bog auf eine Nebenstraße ein, die zwischen Sandhügeln zum Meer führte, ein Jeep mit fünf Soldaten fuhr uns voran. Nach einer Weile kamen wir an eine Stelle, wo einige Kamele standen und eine Ziegenherde vor sich hindöste, ein paar Beduinen saßen unter einer Baumgruppe, die Esel warteten mitten auf der Straße. Abseits standen die Zelte, und neben den Zelten saßen die Kameraleute und Beleuchter, das Scriptgirl, der Toningenieur und sein Assistent und noch einige andere, vielleicht dreißig Menschen.

Wir drehten an diesem und dem folgenden Tag Szenen aus dem Exodus. Es waren die merkwürdigsten Drehtage, die ich je erlebt habe. Um uns herum kämpfte das Volk der Juden in einem mörderischen Krieg um seine Existenz, Soldaten eben dieses Volkes umstanden uns, die Maschinenpistolen schußbereit in den Händen. Auf der alten Karawanenstraße von Afrika nach Asien rollten die neuen Panzer nach Süden und die russischen Beutepanzer wurden zurückgebracht. Diese zerschossenen Panzer kamen jetzt aus dem Nildelta, aus dem Moses nach der biblischen Überlieferung einst ausgezogen war, um das Gelobte Land zu erobern, um das jetzt, dreitausend Jahre später, noch immer gekämpft wurde.

Durch die Beine der Soldaten filmte ich den Moses aus Amerika, die Mirjam aus Schweden und die Menschen, die aus Rom gekommen waren, um jenen Teil der Geschichte Israels zu verfilmen, der auch heute noch zum jüdischen Glaubensbekenntnis gehört. Ich saß im Sand südlich von Aschkelon und filmte die schlappohrigen Ziegen, die sich in dreitausend Jahren nicht verändert hatten, und dann die jüdischen Soldaten mit ihren Waffen, die Kamele und Esel und die Nachkommen jener Römer, die den letzten Aufstand der Juden erbarmungslos niedergeschlagen und die Überlebenden »in alle Winde verstreut« hatten. Es war eine wahrhaft biblische Szene, die vor mir abrollte: War die Bibel vielleicht noch nicht zu Ende? Hatte man nur vergessen, die Überlieferungen weiter aufzuschreiben?

Wir drehten auf einem zweiten Hügel weiter, die anderen fuhren in den Autos dorthin. Es wehte eine angenehm kühle Brise vom Meer herüber, und ich entschloß mich, mit den Eseln und den Beduinen zu Fuß zu gehen. Die Beduinen ritten, und ich lief nebenher. Einer sprach englisch, und nach einer Weile begannen wir, uns über den Krieg zu unterhalten. Der junge Beduine vertrat die arabische Seite. Er beschwor mich, *alle* anzuhören, nicht nur die Israelis, und den Koran zu lesen, nicht die Bücher, die man in Europa über den Islam geschrieben hatte. Er selber trat für ein freies säkularisiertes Palästina ein, in dem Juden und Araber friedlich nebeneinander leben würden: gleichberechtigt, nicht die Araber als Menschen zweiter Klasse. Er fing mir einen Esel ein und half mir beim Aufsitzen. So ritten wir den Hügel hinauf, redeten, stritten, die Beduinen in ihren biblischen Gewändern, lange Stücke groben Stoffes kunstvoll um Kopf und Körper gewickelt — darauf verstand sich unser römischer Kostümbildner.

»Die Israelis sind nach 1967 größenwahnsinnig geworden: Wir lieben den Krieg auch nicht, aber wir mußten ihnen eine Lehre erteilen.«

»Ach«, sagte ich, »wie können sie denn größenwahnsinnig werden. Sehen Sie sich nur die Karte an ... Sie brauchen sich doch nur die Karte anzusehen ... da kann kein Israeli je größenwahnsinnig werden ...«

Die anderen hatten uns mit den Autos längst überholt, und wir mußten uns jetzt beeilen. Ich stieg ab und ließ meinen Esel laufen, was er ohne mich wesentlich schneller tat, und die Beduinen setzten sich in einen Zotteltrab. Mein Freund drehte sich noch einmal um, sah mich eindringlich an und sagte:

»Ich will ja nur, daß Sie uns auch anhören ...«, dann stieß er seine Fersen in den Bauch des Eselchens und trabte den anderen nach.

Jeder war von der Schönheit dessen, was wir filmten, berührt. Wie Mirjams Tochter auf ihrem Eselchen durch die große leere Wüste ritt oder wie Moses in einem Zelt saß, das nur aus vier Stecken und einem Stück Stoff bestand, neben ihm Mirjam, Aaron und Aarons Frau. Mirjam machte Moses Mut, damit er die anderen tröstete, die nahe am Verzweifeln waren. Die Beduinen hatten ihre kleinen Kinder mitgebracht, und auch sie saßen da und weinten wie die besten Schauspieler, nur weinten sie, weil es ihnen langweilig und ungewohnt war – aber wer weiß das später schon?

Ab und zu kamen schwerbewaffnete israelische Soldaten und sahen eine Weile zu. Dann fuhren sie auf ihren Jeeps oder in Lastwagen wieder fort. Sie patrouillierten in dem Küstenstreifen zwischen Aschkelon und Gaza und südlich und östlich von Gaza. In dem 1967 eroberten Gaza hatte es die meisten Aufstände und Schwierigkeiten gegeben, Bombenanschläge, Ermordungen, Streiks, Tote und Verletzte. Mit Gaza wußte man nie ... das war, wie man es auch drehte, keine israelische Stadt und auch nie eine gewesen.

Während sie arbeiteten, vergaßen die Italiener Angst und Kummer, jedes Mal aber, wenn sie warten mußten, wurden sie wieder unruhig. Auch abends im Hotel stritten sie sich darüber, ob sie sich wegen des Moses-Films in Gefahr bringen sollten. Vielleicht wäre die Mehrzahl geblieben, aber es gab einige, die machten die anderen mit ihrem Geunke und ihrer Hysterie nervös. Sie lasen aus den Zeitungen immer neue Hiobsbotschaften heraus und hörten bei Tag und bei Nacht schon die Raketen über unseren Köpfen. Als dann gar noch aus Versehen die Sirenen losheulten, war es mit ihrer Beherrschung endgültig vorbei. Die einen hatten nun plötzlich sterbende Mütter oder wenigstens Großmütter, ihre Frauen bekamen Babies oder erkrankten an Grippe. Seit man beschlossen hatte, die Dreharbeiten abzubrechen, kreisten die Gespräche in den Drehpausen vor allem um die Frage, ob das Flugzeug nach Rom am übernächsten Tag auch wirklich abgehen würde. Vom Osten her hörten wir den ununterbrochenen Verkehr auf der alten Straße nach Ägypten. Beinahe ununterbrochen flogen die Maschinen über uns weg, Jäger, Transportflugzeuge, Hubschrauber. In den Zeitungen hatte gestanden, die Ägypter drohten, mit Raketen auf Tel Aviv oder den Hafen von Aschdod zu schießen, den man von Shulamit Gardens mit bloßem Auge erkennen konnte.

Schon am frühen Nachmittag fuhren wir zurück, um die Koffer zu packen: Der nächste Tag war der allerletzte Drehtag, und am frühen Morgen danach würde das Filmteam Israel verlassen, nur die Wagen und Zelte blieben zurück.

Die Israelis drangen auf dem westlichen Kanalufer weiter vor und standen auf den Golanhöhen vierzig Kilometer vor Damaskus, wo man bereits den Geschützdonner hören konnte. So richtig freute sich niemand darüber, denn jetzt wartete jeder auf die arabische Vergeltung, auf die Raketen aus Kairo oder die Russen, die ihre Kriegsschiffe im Mittelmeer und im Indischen Ozean konzentriert hatten: Diesmal, das wußten alle, diesmal konnte es keine neue arabische Niederlage mehr geben. Die Israelis in Kairo und Damaskus? Das mußte die Katastrophe auslösen. Gewinnen konnte nun das Volk der Juden nicht mehr.

Die Menschen in Shulamit Gardens benahmen sich immer merkwürdiger, die Soldaten bekamen nun Besuch von ihren Familien und zeigten uns stolz ihre Kinder, Frauen und sogar ihre Hunde: Aber sie erfuhren auch, daß sie in wenigen Tagen wieder an die Front mußten, wieder in den Krieg. Dabei waren es doch hier allesamt junge Männer, die nicht an den Krieg glaubten, solche, die zwar Israel liebten, die aber nicht schießen wollten und die nicht erschossen werden wollten. Männer, die sich in merkwürdige Tänze retteten oder nachts mit Fäusten an die Wand schlugen oder sich die Pulsadern aufschnitten. Sie standen mit dem Rücken zum Feind, das Gesicht ihrem Volk und damit sich selbst zugewandt. Tag und Nacht beschäftigten sie sich mit der Frage nach dem Warum.

Am übernächsten Morgen fuhren wir alle nach Lod, ein Konvoi von fünfzehn Wagen und Taxen. Ich filmte den Abschied von Moses und Mirjam, Aaron und Aarons Frau im Flughafen. Zwei Italiener blieben in Israel. Die Israelis standen neben mir und winkten. Der Regisseur war dem Weinen nahe.

Dann waren sie plötzlich fort, die Schalterhalle sah mit einem Mal ganz leer aus. Wir beschlossen, gut zu essen und uns dann auszuschlafen. Im Grand Beach Hotel in Tel Aviv bezogen wir Zimmer und waren in den nächsten zwei Wochen fast die einzigen Gäste.

7. Kapitel
Moses

In den nächsten zwei Wochen tauchte ich nun ganz und gar unter in der israelischen Welt von Tel Aviv, der israelischsten aller Städte Israels, die in diesen letzten Tagen des Jom-Kippur-Krieges eine einzige in sich geschlossene Familie bildete. Die Touristen waren abgereist, und außer den Journalisten lebten kaum noch Fremde in der Stadt: Die Menschen Israels waren sich selbst überlassen, ihrem Kummer, ihrem Zweifel und ihrer Not. Diese Not betraf weit mehr die Seele als alles andere, denn die Welt hatte sich von Israel abgewandt. Man hatte diesmal gewartet, man hatte sich überfallen lassen, man hatte sich zum eigenen Schaden so benommen, wie es in all den Deklarationen und Resolutionen seit hundert Jahren gefordert wird. Das hatte vielen israelischen Soldaten in den ersten Kampftagen das Leben gekostet, dem Land aber nicht jene Unterstützung eingebracht, die es zum Überleben benötigte. Und immer noch kämpften die Söhne in blutigen Schlachten im Norden und im Süden: Niemand wußte in diesen Tagen in Tel Aviv und in ganz Israel mehr wohin mit den Gedanken. Keiner klagte, aber jedem war die Verzweiflung ins Gesicht geschrieben.

Als ich eines Abends ins Kino ging, unterhielt ich mich nach dem Film mit dem Kinobesitzer. Er brachte mich zum Hotel zurück, denn er wollte, wie so viele in diesen Tagen, mit jemandem reden und Fragen stellen, auf die es, wie jedermann wußte, keine Antworten gab. Im Kino hatten fünf Personen gesessen – aber gespielt worden war doch. Überhaupt war das Merkwürdigste an diesem Krieg nicht, was aufhörte, sondern was weiterging.

Es gab alles zu kaufen, die Taxen standen vor der Tür, Kellner und Kellnerinnen bedienten zu dritt einen Gast, nach jeder Mahlzeit wurden die Tischtücher gewechselt. Das Hotel war fast leer. Wir trafen uns jeden Abend in der Bar: ein dänischer Journalist, drei Reporter aus Südamerika, einer vom deutschen Fernsehen und ich. Die zwei Italiener vom Filmteam gingen aus oder blieben auf ihren Zimmern und schrieben Listen. Manchmal schlief auch einer der beiden israelischen Regieassistenten im Hotel; er wohnte in Haifa, und es lohnte sich manchmal nicht mehr, noch nach Hause zu fahren. Ab und zu brachte er seine Frau und seinen kleinen Sohn mit, der nur hebräisch sprach, und so fing ich wohl oder übel an, jetzt hebräisch zu lernen.

Die Israelis hatten nun eine Armee »in Afrika«, wie sie es nannten, auf dem Westufer des Suezkanals, und die Ägypter zwei Armeen auf der Sinaihalbinsel, am Ostufer des Kanals. Das ergab eine sehr komplizierte Lage, denn der eine stand dem anderen im Rücken, und es klang zeitweilig so, als brauchten die Israelis nur die Straßen entlangzufahren, um in Damaskus oder Kairo einzumarschieren. Man begann zum erstenmal, ernsthaft vom Waffenstillstand zu reden, eine Vorstellung, die vor einigen Tagen noch ganz und gar unmöglich gewesen wäre.

Hatte schon die anfängliche Drohung, das Öl als Waffe im Kampf gegen Israel einzusetzen, die europäischen Staaten zur Zurückhaltung veranlaßt, so wand sich, drehte sich und kroch Europa nun erst recht, als die arabischen Ölländer ihr Embargo verkündeten. Das Schauspiel, das die Europäer den Israelis boten, verstörte sie noch mehr. Nur die indischen Israelis unten im Empfang nahmen es gelassen hin: Sie hatten von vornherein nichts anderes erwartet. Die afrikanischen Staaten brachen nun ihre diplomatischen Beziehungen zu Israel ab.

Immer häufiger sprachen sich Fremde auf der Straße an und redeten miteinander, und in den nächsten Tagen geschah etwas ganz Merkwürdiges: Mehrmals umarmten mich die Leute, wenn ich am Strand spazieren ging, einkaufte oder irgendwo Kaffee trank – sie umarmten mich, weil ich nicht abgefahren war, sondern hergekommen und dann auch geblieben war. So sehr ich auch beteuerte, daß ich ja gern gekommen war und keinerlei Opfer brachte, es mir im Gegenteil gut ginge, das Wetter viel schöner sei als in München oder Zürich: Sie ließen es sich nicht nehmen.

Jeder, der die Israelis, ihre Kriege und ihre Politik verurteilt, sollte vielleicht ab und zu daran denken, was es für diese Menschen im Oktober 1973 bedeutete, daß sich, mit Ausnahme der USA und Holland, alle Welt von ihnen abwandte, daß ein Volk, das zweitausend Jahre Verfolgungen und Demütigungen ertragen mußte, nun wieder nahezu allein seinen Feinden ausgeliefert war. Das Empfinden, nur auf sich selbst angewiesen zu sein, war in jenen Tagen überall gegenwärtig in Israel, auf den Golanhöhen ebenso wie in Tel Aviv oder Jerusalem, am Suezkanal und in Haifa, auf den Straßen, in den Häusern und Wohnungen, auf den Gesichtern der Soldaten, der Frauen, der Alten und der Kinder. In ihnen war jetzt ein Entsetzen geschrieben, kaum wahrnehmbar zwar, aber doch für den, der sie aufmerksam beobachtete, deutlich zu erkennen – das Trauma von Verfolgung und Vernichtung war wieder lebendig geworden.

Die Busse mit Journalisten fuhren nun fast in jeder Nacht durch die Sinaiwüste bis zum Kanal und seit neuestem auch über den Kanal »nach Afrika«. In jedem saß ein Liaisonoffizier der israelischen Armee; Reservisten, die deutsch oder französisch, spanisch oder englisch sprachen. Sie verließen Tel Aviv um drei Uhr morgens und kehrten meist kurz vor Mitternacht am nächsten Abend wieder zurück. Die Privatwagen jener Journalisten, die einzeln fuhren, folgten den Bussen. Viele Journalisten hatten sich inzwischen Wagen gemietet und fuhren nun zwischen der Nord- und der Südfront hin und her: Spätabends kamen sie todmüde ins Hotel, setzten sich an ihre Schreibmaschinen und gaben anschließend den Text über das Telefon ihren Redaktionen durch – und immer hörte auch der Zensor mit. Die beiden Südamerikaner tippten selber auf dem Fernschreiber des Hotels, schliefen dann einige Stunden und zogen im Morgengrauen mit ihrem Photographen wieder los. Der große rotbärtige Däne schrieb und photographierte allein. Nur am Sabbatmorgen schlief er sich aus. Das war die Gilde derer, die der ganzen Welt den Krieg beschreiben und erklären mußten. Einige taten es gut und gaben sich unendliche Mühe, andere taten es schlecht, weniger aus bösem Willen, sondern weil sie es nicht besser gelernt hatten und es also auch nicht besser konnten. Sie liefen wie die Schafe mit der Herde mit und redeten mit kaum jemandem außer mit anderen Journalisten. Sie hörten sich die tägliche Lagebesprechung der Regierung an, aber sie lasen keine Bücher und benutzten keine Karten, wenn sie überhaupt lasen, dann hauptsächlich die Zeitungen, um festzustellen, was ihre Kollegen schrieben. Die aber, die in unserem Hotel wohnten, waren anders: Sie kauften Bücher und Karten und beschäftigten sich Tag und Nacht mit Israel, das sie so weit wie irgend möglich zu verstehen suchten. Im Hotel nahm man Anteil an ihrem Leben, hatte sie gern und versuchte, sie zu verwöhnen. Wir konnten ja sehen, wie müde jeder war. Viele der Bilder, die sie mitbrachten und uns zeigten, waren schrecklich und die schrecklichsten passierten natürlich niemals die Zensur. Die Reporter vom Fernsehen schickten ihre Filme von Hertzlia aus über Satellit an ihre Stationen, jeden Abend sieben Minuten lang. Die Welt konnte sich nicht beklagen: Sie sah diesen Krieg wie keinen je zuvor, sie sah ihn von beiden Seiten, in Farbe, per Satellit, jeden Tag.

Aber das, was die Welt jeden Tag sah und was jetzt in allen Zeitungen stand, interessierte mich nicht: Mich interessierte viel mehr, was verborgen geblieben war, nicht das Vordergründige und Neueste, nicht die Toten neben den ausgebrannten Panzern, sondern die Gefühle derer, die an ihnen vorübergefahren waren oder neben ihnen, lebend, im Sand lagen.

Jeden Morgen um sechs ging ich zwei Ecken weiter zum Zeitungskiosk, kaufte die *Jerusalem Post* und die *Times* (wenn sie gerade mal wieder angekommen war) und unterhielt mich mit dem Mann im Kiosk über die politische und militärische Lage. Er erzählte mir von seinem Sohn, der auf den Golanhöhen kämpfte und schon einmal für drei Stunden nach Hause gekommen war, um sich neue Schuhe zu kaufen. Er bückte sich und zeigte mir die alten: feste hohe Schnürschuhe, an denen das Oberleder noch ganz neu war, die Sohlen aber waren vollständig durchgelaufen und abgerissen, sie klafften weit weg, und der Schmutz hatte eine dicke Kruste gebildet. Merkwürdig sahen diese Soldatenschuhe aus, oben ganz neu und unten jammervoll. Die Felsen, scharfen Steine und der Staub hatten auf diesen Schuhen ihre Spuren hinterlassen. Es waren die Schuhe einer Armee, die in kurzen, aber erbitterten Kämpfen über Felsen und Geröll gerannt war, erst zurück und dann wieder vorwärts, ein Israeli gegen vier Araber, und am Anfang stand das Verhältnis, wie wir später erfuhren, nicht selten eins zu zwölf: Da behauptet sich nur eine Armee, die rennen kann.

Wir trafen uns bald zu fünft am Kiosk und beredeten jeden Morgen aufs neue die Lage – in mehreren Sprachen, denn der eine konnte nur diese und der andere nur jene, und doch wollte jeder unbedingt etwas erzählen. Ja, sagte eines Morgens eine Frau zu mir auf jiddisch, und ich wünschte, ich könnte das so wiedergeben, wie sie es sagte, denn niemand auf der Welt, außer den Juden selbst, kann es so sagen: »Ach, wissen'se«, sagte sie, »jetzt wissen wir es endlich, was sind wir denn? Sind wir doch nur kleine jüdische Würm!« Sie stellte das fest, eine Tatsache, vielleicht hatte man schon dreitausend Jahre daran gedacht, daß es vielleicht so sein könnte und man von allem anderen nur geträumt hatte, vom Gelobten Land und vom Auserwähltsein: Jetzt endlich, nach dreitausend Jahren, jetzt war man eben aufgewacht. Der Mann im Kiosk schien wenig begeistert zu sein von dem, was die Frau gesagt hatte. Und ich antwortete: »Ach ja, Würmer sind wir schließlich alle, bevor wir geboren werden und hinterher auch wieder.« Die anderen wußten sehr genau, daß das etwas anderes war, aber sie sagten nichts.

8. Kapitel
Traum einer Schlacht

Vierundzwanzig Stunden später lag ich im Bett im Grand Beach Hotel in Tel Aviv und wußte nicht, ob ich nur geträumt hatte. Mir taten alle Glieder weh. Ich drehte mich um, schlief wieder ein und schlief den ganzen Tag lang. Aber die Träume kamen wieder:

Zuerst war ich mit dem Taxi bis Beerscheva gefahren. Es war Mitternacht, als ich ankam. Ich wartete eine Weile auf der Straße, dann nahm mich ein Lieferwagen mit, der Kuchen an die Front brachte, er gehörte zwei Kaufleuten aus Jerusalem, denen ich erzählte, ich habe meinen Journalistenbus verloren. Der eine war in Dresden geboren, und deshalb glaubte er mir meine Geschichte. Ich saß zwischen den Kuchenschachteln, konnte aber vorn hinaussehen. Auf der Straße war sehr viel Verkehr, Panzer auf Tiefladern, Tankwagen, gepanzerte Schützenwagen, auf einem Sattelschlepper erkannte ich einen großen schwarzen Schatten, der in Richtung Beerscheva zurückfuhr: eine Sam-Rakete, sagte der Mann aus Dresden. Sie erinnerte mich an die Rakete aus Peterchens Mondfahrt.

Wir fahren und fahren, halten, fahren weiter, nehmen manchmal Soldaten mit, die aber nie reden, sich bedanken, wenn sie aussteigen, das ist alles. Und »Schalom« – Frieden.

»In der Wüste Sinai ... kräht der Hahn jetzt Kikeriki ...« Ich wußte nicht, ob wir uns auf der großen Straße nach Ismailia befanden oder auf der kleineren zum Mitla Paß, und ich getraute mich nicht zu fragen. Die beiden wechselten sich beim Fahren ab, und ich schlief schließlich ein. Wir hielten zwischen Dutzenden von Panzern und Geschützen, Jeeps und anderen Wagen, wurden begrüßt, der Kuchen wurde ausgepackt, und aus irgendeinem Grund fuhr der Lieferwagen mit den beiden Männern aus Jerusalem ohne mich wieder zurück. Ich meldete mich bei dem

Offizier, der am nettesten aussah, und sagte ihm, ich sei nun verloren hier, in der Sinaiwüste, und es täte mir sehr leid. Ich zeigte ihm meinen Paß, in dem glücklicherweise »Autorin« als Berufsbezeichnung stand. Jetzt war ich zwar noch immer höchst unerwünscht, aber doch wenigstens nicht mehr so unerklärlich. Ich sagte auch, ich könne womöglich am Kanal den Journalistenbus wiedertreffen und bat darum, mitgenommen zu werden.

Plötzlich erschienen Flugzeuge am Himmel, die Wagen und Panzer setzten sich in Bewegung, und weil man mich ja nicht einfach in der Wüste sitzenlassen konnte, durfte ich mit. Was sollte man denn auch machen? Panzer kannte ich, sie hatten 1945 auf uns geschossen, erst die amerikanischen, dann die russischen und dann wieder die amerikanischen: Damals waren die Russen und Amerikaner Verbündete, nun standen sich ihre Schützlinge mit ihren Panzern gegenüber. Ich kannte nur Panzer, die auf mich zufuhren und dabei schossen, mit kurzem, trockenem Knall, und Raketen auf Selbstfahrlafetten, die mit Feuerstrahlen losorgelten. Damals hatte ich mir schon überlegt, was in den Köpfen derer vorgeht, die im Panzer sitzen und schießen, in diesen unbequemen Stahlkammern. Jetzt fuhr ich nun neben ihnen her und wußte nur vom Stand der Sonne die ungefähre Richtung. Die Soldaten saßen ganz still und ziemlich steif. Sie boten mir Zigaretten an. Dann sagte der Offizier etwas, und niemand rauchte mehr, sie rückten die Helme, Maschinenpistolen und Gewehre zurecht, in der Ferne hörten wir Gefechtslärm, wir bewegten uns schnell darauf zu. Es hörte auf, wie im Kino zu sein, plötzlich krachte es neben uns, Steine und Dreck flogen. Drei Soldaten im Wagen waren augenblicklich tot. Wir blieben stehen, sprangen ab und rannten zwischen den Panzern durch die Wüste. Ich hatte am meisten davor Angst, in dem Durcheinander überfahren zu werden oder daß man weiterfahren und mich vergessen würde, und rannte, so gut es ging, immer ein paar Schritte, dann ging mir die Luft aus und ich legte mich in den Sand. Um mich herum war Lärm, der sich aber langsam nach Norden verschob. Schließlich kroch ich auf eine kleine Erhebung, und als ich meinen Kopf hob, sah ich die Panzer und Soldaten unter mir, wie in einem Sandkasten, wie im Kino. Sie schossen unentwegt aufeinander, es ging schneller, als ich es je gehört hatte, ich konnte Freund und Feind nicht unterscheiden, die Wüste war ja so groß, ich konnte nicht verstehen, warum sie nicht aneinander vorbeigefahren waren. Nach einer Weile setzte ich mich auf. Ich hätte ja so gerne heldenhafte Gefühle gehabt oder doch wenigstens Mitleid oder Angst: Statt dessen überkam mich jetzt eine ungeheure Langeweile, ich gähnte immerfort und wollte nach Hause ins Bett und schlafen. Plötzlich hörte ich ein leises Wimmern wie von einem Kind. Ich drehte mich um. Hinter mir und zur linken Seite war die Wüste mit zerborstenen und ausgebrannten Wagen und Panzern übersät, dazwischen lagen tote Soldaten und nicht weit von mir einer, der noch lebte. Er hatte keine Beine mehr, aber er lebte noch, und ich lief so schnell ich konnte zu ihm hin. Als ich mich neben ihn hinkniete, machte er die Augen auf und war ganz still, aber ich kannte ja seine Sprache nicht. Ich versuchte es in allen Sprachen, die ich konnte, aber er konnte mich nicht verstehen. Manchmal stand ich auf, um zu sehen, ob keine israelischen Soldaten in der Nähe wären, aber das Schießen hatte sich immer weiter von uns entfernt, es war jetzt fast still in der Sinaiwüste zwischen den Panzern und den Toten. Als ich wieder auf den Soldaten blickte, war er tot, einfach eingeschlafen. Er hatte nichts mehr gesagt, aber auch nicht mehr gewimmert. Ich legte seinen Kopf auf den Sand zurück, der Körper war so kurz ohne Beine, so ganz ungewohnt, ich hätte ihm gerne etwas übergelegt, eine Decke. Es war Zeit heimzugehen, niemand lebte mehr neben den Panzern und Wagen, viele waren verstümmelt, aber manche saßen ohne sichtbare Wunden, eine Hand noch auf dem Steuerrad, in den Lastwagen, und sie sahen aus, als ob sie schliefen.

Die ägyptischen Soldaten wirkten dünner, zerbrechlicher, die israelischen waren, wenn man es noch erkennen konnte, größer und kräftiger. Während ich zwischen den Fahrzeugen und Panzern umherging, um auch ganz sicher zu sein, daß niemand mehr lebte, erschien ein Hubschrauber und landete. Ich hatte gar keine Angst, denn er war aus dem Westen gekommen. Ich sagte den israelischen Soldaten, wer ich sei, warum ich hier in der Wüste war, und daß ich schon überall herumgegangen war, um sicher zu sein, daß keiner mehr lebte, aber sie liefen nun selbst sehr schnell zwischen den Panzern hin und her, und wo immer ein toter israelischer Soldat lag, sprachen sie ein kurzes Gebet. Dann standen sie einen Augenblick lang unschlüssig, aber ich sagte ihnen, ich würde gerne noch warten, und sie versprachen, man würde die Toten noch vor Einbruch der Nacht abholen und mich mitnehmen.

Nach ungefähr drei Stunden kamen sie dann auch, luden die toten israelischen Soldaten vorsichtig auf einen Lastwagen, begruben die ägyptischen Soldaten, nachdem sie ihnen ihre Papiere abgenommen hatten, und halfen mir auf den Jeep. Wir fuhren durch die Wüste zurück auf die Straße. An einer Stelle wuschen sich die Soldaten neben einem Wasserwagen, lachten und spritzten sich gegenseitig naß. In Beerscheva war es schon dunkel, aber ich bekam noch einen Platz in einem Sammeltaxi. Neben mir saßen zwei Araber. Der Fahrer brachte mich in Tel Aviv bis zum Hotel, wo ich, ohne mich zu waschen oder auszuziehen, auf das Bett fiel und sofort einschlief.

Am nächsten Abend stand ich auf. In der Bar saß der rotbärtige Däne. Er fragte mich: »Wo waren Sie denn in den letzten beiden Tagen?«

9. Kapitel
Im Habimah Theater

Eines Mittags, ich weiß nicht mehr ganz genau, wann es war, aber es war noch Krieg, nahm mich Dan mit ins Habimah Theater. Er wollte dort seinen Schwager treffen, der für die Aufführung von »Schalom, Schalom« Tanzunterricht gab. Die Vorführungen fanden jetzt wegen der Verdunkelung am Nachmittag statt, außerdem fuhren abends kaum noch Busse oder Taxen, und jeder wollte auch möglichst zeitig zu Hause sein, denn abends riefen die Soldaten an. Von Spezialtelefonwagen aus konnten sie kostenlos von der Front aus durchwählen. Der Gedanke, daß der Sohn oder Mann, Bruder oder Liebhaber anrufen könnte und man nicht zu Hause war, schien jedem unerträglich.

Im Habimah Theater gingen wir durch den Bühneneingang und die kurze Treppe hinauf zu den Garderoben. Dan und seine Frau kannten alle. Dan hatte hier schon oft gespielt und auch Regie geführt. Sie stellten mir die Schauspielerinnen vor, die mir den Inhalt des Stückes erzählten. Es war eine israelische Satire und vieles davon für den Fremden unübersetzbar. Wörtlich übersetzt hieß der ganze Titel »Frieden, Frieden und doch in Wirklichkeit kein Frieden«. Man hatte ihn und das Stück drastisch gekürzt. Es hatte mit dem Ausbruch des Krieges eine geradezu unheimliche Hintergründigkeit gewonnen, die den Menschen auf den Magen schlug. Mosche Dajan kam darin vor, die Ölscheichs und viele andere, die jetzt auf der großen Weltbühne agierten.

Merkwürdigerweise erinnerte mich das Habimah Theater an das Abbeytheater in Dublin, wie mich überhaupt vieles in Israel an Irland erinnerte und die Israelis an die Iren. Schon bei der Ankunft hatte ich beim Anblick der Küste, an der sich weißschäumende Wellen brachen, an Irland gedacht. Auch dort leben fast drei Millionen Menschen. Und der Kampf um die neue politische Unabhängigkeit hatte zwar nicht Jahrtausende, aber doch immerhin beinahe tausend Jahre gedauert. Er war wie in Israel besonders am Ende bitter und blutig gewesen, mit Guerilla-Krieg, Überfällen, auf Booten geschmuggelten Waffen und einer Geheimarmee. Wie die Juden sind auch die Iren als Volk überdurchschnittlich begabt. Sind es bei den einen die Dichter, an die man sofort denkt, so sind es bei den anderen die Musiker und das Theater. Selbst für die einmalige Diaspora der Juden, die Israel am Leben erhält, findet sich in Irland eine Parallele in der Gemeinschaft der ausgewanderten Iren, die, wie die Juden, im Alter zurückkehren, um »zu Hause« zu sterben. Hier wie dort hat man nach Jahrhunderten eine alte und fast gestorbene Sprache zur Sprache eines jungen unabhängigen Staates gemacht, eine Sprache, die außer in diesen kleinen Staaten nirgendwo sonst gesprochen und verstanden wird. Selbst der große Einfluß der Priesterschaft ließ mich in Israel an Irland denken. Nur in einem unterscheiden sich die Iren von den Israelis gründlich: Die Israelis trinken selten, und wenn, dann sehr wenig und meist nur Wein. Wie jedermann weiß, ist das bei den Iren anders.

Dan und seine Frau zeigten mir also das Habimah Theater, einen großen modernen Bau (neben dem Mann Auditorium, das Konzertaufführungen dient). Was ich bei diesem Kulturkomplex von Theater und Konzertsaal vermißte, waren Restaurants in der Nähe oder doch wenigstens Cafés, irgend etwas, wo man sich treffen und hinsetzen konnte. Beide Gebäude liegen in einem Vakuum, aber vielleicht ist das bei modernen Kulturstätten so. Der Zuschauerraum des Habimah Theaters gleicht eher dem eines großen bequemen Kinos, man sieht von allen Plätzen ausgezeichnet und, wie ich später (allerdings im leeren Theater) feststellte, hörte man auch aus der größten Entfernung jedes Wort.

Je mehr mir die Schauspielerinnen und Dans Schwager von »Schalom, Schalom« erzählten, desto mehr entstand in mir der Wunsch, während der Aufführung einen Film zu drehen, und ich fragte am Bühneneingang, ob ich das vielleicht dürfe. Die Frau verwies mich an den Direktor, der sein Büro im Keller hatte. Ich stieg hinunter und fand nach einigem Suchen die Tür. Als ich eintrat, saß er todmüde hinter dem Schreibtisch, mit einem Gesicht, das lange nicht gelacht zu haben schien und doch vorher sicher oft lachte. Ich trug meine Bitte vor, sie wurde gewährt: Ich solle am Nachmittag mit der Kamera zur Vorstellung wiederkommen, das Theater sei sowieso leer. Nein, stören würde ich niemanden. Nur einen Film wollte ich drehen, zweieinhalb Minuten. Er fragte mich nicht nach Ausweisen oder Papieren. Wie jeder in Israel in diesen Tagen vertraute er mir einfach. Ich fuhr ins Hotel und holte die Kamera. Als ich zurückkam, hatten die Schauspielerinnen bereits begonnen, sich zu schminken. Das Tageslicht fiel weich von links auf die Mädchen und die Spiegel, die Tische mit den Töpfen, den Tuben und Stiften: Es sah im Sucher sehr schön aus.

Ich frug nach Dan, niemand wußte, ob er und seine Schwester noch im Theater waren, schließlich kam ich auch auf die leere Bühne, die schon für die erste Szene von »Schalom, Schalom« eingerichtet war. Zwei Lampen brannten auf der Beleuchterbrücke; ich setzte mich in die Kulissen, um im Schatten meinen Film zu wechseln. Nebenan spielten die Bühnenarbeiter Schach, einer schlief auf einem Stapel Orientteppichen: Den brauchten sie wohl nachher im Stück für die Ölscheichs. Jemand kam auf die Bühne und sah mich erstaunt an, sagte aber nichts. Jetzt kam auch der Beleuchter und probierte an den Lampen, es war Zeit für mich, zu gehen.

Der Assistent des Direktors holte mich ab und führte mich auf den vollständig leeren Rang, und von dort aus drehte ich meinen kurzen Habimah-Film und störte aber wirklich niemanden. Im Theater saßen nur ungefähr fünfundzwanzig Menschen. Die Vorstellung begann, war halb Musical, halb Kabarett, mit einer Fünf-Mann-Kapelle und sechs oder zehn Mädchen, die ab und zu tanzten. Ich verstand natürlich kein Wort, weil alle hebräisch sangen und sprachen, folgte dem Geschehen aber trotzdem mühelos, denn die Karikaturen waren leicht zu interpretieren. Zwei alte Männer, berühmte israelische Schauspieler, wie man mir später sagte, holte ich mit dem Teleobjektiv heran. Gesichter wie ein Meer von Traurigkeit, sie spielten und sangen und lachten, das war ihr Beruf, und sie gehörten ja zu den besten in diesem Beruf, aber die Traurigkeit saß unter der Schminke wie die Nacht in der Sinaiwüste, die auch niemand je ausleuchten kann.

Unten im Foyer war das Buffet offen. Ja, natürlich könne ich eine Tasse Kaffee haben. Ich legte die Kamera auf die Theke und wartete auf den Kaffee.

Die Frau hinter der Theke war aus Genf nach Israel geflogen, als der Krieg ausbrach, »um zu helfen«, und weil... ja, eine eigene Familie habe sie . . . so richtig nicht mehr . . . aber man könne doch nicht draußen bleiben, nicht in solchen Zeiten. Die jungen Leute im Habimah seien an der Front oder sonst irgendwo im Einsatz, auch die meisten Schauspieler, die Platzanweiser, die Mädchen vom Buffet, und jetzt half man eben aus. Wir unterhielten uns über dieses und jenes. Der Kaffee war gut, und ich bestellte noch eine Tasse. »Haben Sie unsere Soldaten gesehen?« fragte sie dann, »unsere Jungen?« Ich bestätigte ihr das. »Sind sie nicht schön?« fragte sie. Sie goß mir den Kaffee ein, sie mochte etwa 60 Jahre alt sein, war aber immer noch sehr hübsch, mit einem Kopf voller schöner weißer Haare. Sie sah durch die großen Glasscheiben auf den leeren Platz hinaus. »Diese Jungen, dann sind sie tot und kommen nicht wieder.« Sie sagte das wie die Frau am Kiosk, als würde sie aus einem Buch vorlesen, das sie erst jetzt zu verstehen begonnen hatte.

Jedenfalls waren die Soldaten nicht hier und die Familien nicht dort, auch wenn das Leben in Tel Aviv für den Fremden fast so weiterging wie zuvor. Aber der äußere Anschein täuschte. In Wirklichkeit waren alle mit ihrem Denken, Tun und Fühlen vollständig in diesen Krieg verstrickt, im Schlafen, wie im Wachen, in jeder Sekunde am Tage und in den Nächten, die sie jetzt am Radio verbrachten und in der Nähe des Telefons:

Dieser Krieg hatte sie überwältigt wie eine riesige Woge, verschluckt, wie die Kinder hatten sie gerade noch gespielt am Strand, Sandburgen gebaut, geträumt, gelacht, und jetzt ertranken sie oder würden doch ertrinken, wenn sie nicht eine letzte, allerletzte, ein gewaltige Anstrengung machten, und diese Anstrengung, das glaubten sie nun zu fühlen, schien über ihre Kräfte zu gehen.

Ich verließ das Habimah Theater, nachdem ich mich für den guten Kaffee bedankt hatte, den ich nicht bezahlen durfte, weil ich eingeladen worden war. Ich fand einen Bus und fuhr zurück zum Grand Beach Hotel, in dem außer den zwei Italienern, den fünf Journalisten und mir niemand mehr wohnte.

10. Kapitel
Fahrt nach Jericho

Eines Morgens sah ich die Italiener verzweifelt über langen Listen sitzen; mehr aus Höflichkeit, als mit ernsthaften Absichten fragte ich, ob ich ihnen helfen könne. Sie sagten sofort und begeistert ja. Sie hatten keine Schreibmaschine und waren auch des Englischen nur mäßig mächtig. Wie Schiffbrüchige saßen sie hier in Tel Aviv und versuchten, vom Moses-Film zu retten, was zu retten war.

Der Buchhalter war gewohnt, in einem Büro zu sitzen und eine Sekretärin zu haben, der Aufnahmeleiter war gewohnt, Aufnahmen zu leiten, auch solche mit fünfhundert Statisten, und wenn es sein mußte, mit Kamelen, Eseln und Ziegen. Aber jetzt galt es Kisten zu suchen, die im hoffnungslos verstopften Hafen von Aschdod lagern sollten, Kisten mit Kamerazubehör, Zelten und biblischen Kostümen. Und außerdem befand man sich im Krieg und sprach und schrieb eine Sprache, die kein Mensch verstand. So wurde mein Hotelzimmer einige Tage lang zum Büro der Filmfirma, denn ich hatte eine Schreibmaschine. Und als die beiden das vertraute Klappern hörten, leuchteten ihre Gesichter auf. Es galt, lange Listen aus dem Italienischen ins Englische zu übersetzen, und dann würde Jossi vom Empfang sie ins Hebräische übersetzen, denn sie mußten der Polizei vorgelegt werden: Es waren die Listen der verlorengegangenen Güter, mit ihnen zogen wir dann durch das Land. Ich ahnte damals noch nicht, daß mit diesen Listen für mich ein neues Leben begann: Drei Wochen später saß ich in Jerusalem beim Notar und gründete eine Filmproduktionsfirma, der Rechtsanwalt hieß Kollek und war der Vetter des Bürgermeisters von Jerusalem.

Es blieb nicht bei den Listen: Eines Morgens fuhren wir nach Jericho, um ein Kamel zu suchen und um noch einige Löhne zu bezahlen, die man in der Eile der Abreise bei Ausbruch des

Krieges vergessen hatte. Abdullah war zu bezahlen, von dem wir nur wußten, daß er so hieß und in Jericho wohnte. Bei dem Kamel mußten wir feststellen, wieviel es täglich fraß, denn die auf den Listen angegebene Menge schien uns für alle Kamele Israels ausreichend zu sein. Unsere Reise nach Jericho wurde der einzige lustige Tag des Krieges. Der Ford-Transit war voll gepackt mit Dingen, die wir zurückbringen mußten, denn man hatte ja vorerst den Film aufgegeben: Große Sauerstoffzylinder, eine Bürorechenmaschine und vieles andere mehr. Auf der Straße nach Jerusalem rollte ununterbrochen der Verkehr und die Autos, Busse und Taxen waren vollbepackt mit Menschen oder Sachen. An den Straßenrändern standen die männlichen und weiblichen Soldaten und warteten darauf, mitgenommen zu werden, an die Front oder nach Hause. Sie sahen erstaunt auf die italienische Flagge, die man auf den Kühler gepinselt hatte.

Paul, ein jüdischer Schauspieler aus Amerika, der für das Filmteam Mädchen für alles geworden war, erzählte uns die heroische Geschichte der nach Jerusalem führenden Straße aus der Sicht eines Israeli. Später fuhr ich die gleiche Straße mit einem Araber entlang und hörte von den gleichen Schlachten und Überfällen, aber die Farben waren jetzt umgekehrt: die hellen Farben dunkel, die dunklen hell.

Jeder Mensch, der Jerusalem gesehen hat, fragt sich, warum man die Stadt dort aufgebaut hat, wo sie steht, und wie sie dann eine Bedeutung erlangen konnte wie keine andere. Es gibt keinen Grund für Jerusalem: Jerusalem steht auch heute noch im Niemandsland. Es steht an keinem Fluß, in keinem lieblichen, fruchtbaren Tal, an keiner wichtigen Kreuzung alter Karawanenstraßen. Das Wasser muß mühsam auf die kahlen Hügel geleitet werden. Die Straße aus der Küstenebene kann sich nur auf Serpentinen ihrem Ziel nähern. Und trotzdem hat diese von den abgerundeten, verkarsteten Bergen des Judäischen Gebirges umgebene Stadt dreitausend Jahre lang die Phantasie und die Gefühle unzähliger Menschen bewegt.

Wir fuhren durch die Vorstädte von Jerusalem, durch den wüstenartigen Abfall zum Toten Meer, vorbei an einem Schild, auf dem »Meereshöhe« stand, und dann hinunter in das Jordantal. Überall auf und zwischen den Hügeln standen Zelte,

Panzer und Geschütze, und dazwischen grasten Ziegenherden. An einer engen Stelle der Straße wurden gerade Sprengladungen verlegt. Unten im Tal aber war vom Krieg nichts mehr zu sehen. Perlmuttfarben schimmerte das Tote Meer zwischen den Bergen Israels und den Bergen Jordaniens, auf der weiten Sandfläche wanderten Kamele zwischen den Palmen umher: eine wahrhaft biblische Szene. Auf der Straße zwischen den Bergen und Jericho kommt man an einem großen Lager vorüber, viele Reihen Lehmhäuser, denen die Fenster fehlen und manchmal auch die Dächer: einem Lager palästinensischer Flüchtlinge, die im Sechstagekrieg 1967 noch weiter nach Osten über den Jordan geflohen waren. Ich dachte an den Beduinen, der mich beschworen hatte, ich solle *auch* die Araber anhören.

In Jericho trafen wir wieder auf israelische Truppen, die von der Jordanbrücke kamen, müde und verstaubt, mit Geschützen auf ihren Jeeps und langen Funkantennen. Jericho ist eine schläfrige, kleine, uralte Stadt, in der viele reiche Araber bis zum Sechstagekrieg die Wintermonate verbrachten, nicht selten in einer eigenen Villa. Auch die Engländer wußten das warme Klima in den Monaten zu schätzen, in denen in Jerusalem an manchen Tagen sogar Schnee liegt.

Wir suchten zuerst Abdullah, und es erwies sich, daß er, wie jeder Mensch in Jericho, sehr leicht zu finden war. So wurde ihm nun sein Lohn ausgezahlt, während wir herrlichen Saft aus frisch gepreßten Früchten und Weintrauben tranken. In Jericho ließ es sich gut leben, aber deshalb mußte es ja auch, der Bibel zufolge, untergehen. Jericho ist, wer möchte es bezweifeln, eine arabische Stadt, und dort spürte ich auch nichts von der großen Spannung, vom Lauern und Warten und Aufpassen wie in Aschkelon. In Aschkelon hatte man vor den Läden auch tagsüber die eisernen Gitter heruntergelassen: In Jericho saßen die Männer auf der Straße, würfelten, rauchten ihre Wasserpfeife und tranken türkischen Kaffee.

Wir brachten die Sauerstoff-Flaschen zu einem Händler zurück, der etwas außerhalb der Stadt in einer kleinen Villa wohnte, die wohl ein reicher Araber nach 1967 verlassen hatte, um nach Amman zu ziehen. Der Mann saß träumend in seinem schattigen Garten und rauchte Wasserpfeife, seine schöne junge Tochter brachte ihm Kaffee aus dem Haus und verschwand, als wir hielten. »Westufer-Araber« nennt man sie. Selbst im Kriege blieben die Brücken über den Jordan offen, fuhren sie nach Amman zu ihren Verwandten, die 1967 vor den Israelis geflohen waren. Nirgendwo im Mittleren Orient sind die Siedlungen der Araber und die Siedlungen der Juden je wirklich verschmolzen, sie haben immer nebeneinander, nie miteinander gelebt. Bevor die großen jüdischen Einwanderungswellen einsetzten, war es jedoch häufig eine gute Nachbarschaft.

Hier am Jordan und am Toten Meer ist das jüdische Märchen, von dem Theodor Hertzl sagte, man müsse nur fest daran glauben, dann würde es wahr, keine Realität geworden. Der Staat Israel gründet sich auf das moralische Recht derer, die nach zweitausend Jahren in die alte Heimat ihres Volkes zurückkehrten. Aber gerade dort, wo sich die Heimat der Juden am ehesten historisch nachweisen läßt, viel eindeutiger als im Küstenstreifen Israels, dort versperrt ein arabischer Staat die Landnahme, der erst 1922 gegründet wurde: Transjordanien. Sicher ist – vergißt man zwei Jahrtausende und was in dieser Zeit geschah – der Jordan ein Fluß der Juden. Ebenso sicher ist aber auch, daß er in den zweitausend Jahren der jüdischen Emigration zum Fluß der Araber geworden ist. Heute steht das moralische Recht auf beiden Seiten, je nachdem wie gut und weit zurück man sich zu erinnern wünscht. Und so liegt Jericho – Paradies aus Kindheitsträumen, Oase in der Wüste –, von dem die Schilder auf den drei Zufahrtsstraßen berichten, es sei die älteste Stadt der Welt, und von dem die Geographen wissen, daß es die tiefstgelegene Stadt der Erde ist, wie ein Brennglas über den Geschichtsbüchern. Es kommt nur darauf an, wie man es hält, und hält man es nicht richtig, so fangen die Seiten zu brennen an.

Dreizehn Tage waren vergangen, seit ich auf dem Oktoberfest bunte Blumen aus ihren tönernen Sockeln geschossen hatte, ohne zu wissen, daß man angefangen hatte, wieder auf Menschen zu schießen, die man Soldaten nennt: Der Mord war wieder Krieg geworden, und das Töten gereichte wieder zur Ehre. Warum nur war ich hierher gekommen? Nach Tel Aviv, Aschkelon, Jerusalem, nach Jericho? Das war doch mein Krieg nicht?

Während die Männer von der Moses-Film-Produktion ihre Geschäfte abwickelten, ging ich in der Oase von Jericho spazieren, bis ich auf ein riesiges Flüchtlingslager stieß, hunderte von Lehmhütten, vielleicht tausend, oder dreitausend, ich habe sie nie gezählt, auch später nicht. Die Flüchtlingslager um Jericho sind leer, die Hütten ohne Fenster, die Straßen ohne Hühner und Ziegen, und nur am Rande streckt sich ab und zu ein Beduinenkamel und knabbert das Stroh vom Dach. Von München nach Tel Aviv ist es weit, die Alpen und ein Meer liegen dazwischen. Von Tel Aviv nach Jericho fährt man bequem im Auto in anderthalb Stunden: Aber München und Tel Aviv liegen viel näher beieinander als Tel Aviv und Jericho, und was für mich einfach ist: mich in einen arabischen Garten in Jericho zu setzen, Kaffee zu schlürfen und zu lachen, das ist für die überwältigende Mehrheit der Israelis eine große und manchmal sogar eine unmögliche Anstrengung.

Es war noch immer Krieg, und wäre ich an diesem Tag noch ein wenig weiterspaziert, nur eine halbe Stunde noch, hätte man mich möglicherweise am Jordan erschossen. Husseins Truppen kämpften auf den Golanhöhen, und sie lagen hier in Stellung, gleich neben Jericho, die Geschütze auf uns gerichtet. Niemand wagte, daran zu denken, was für eine Art Untergang Jericho diesmal erleben würde, sollte es König Hussein einfallen, die Grenze zu überschreiten. Eine Million Araber leben in Jericho und in den Dörfern und Städten westlich des Jordan. Es war nicht schwer, sich vorzustellen, was für ein Blutbad es geben würde, wenn Husseins Truppen den Jordan überqueren würden.

Die israelischen Soldaten patrouillierten in ihren kanonenbestückten Jeeps auf der Zufahrtsstraße und sahen sich verwundert nach mir um. Schwarze schlappohrige Ziegen wanderten am Straßenrand entlang. Kamele standen zwischen den Dattelpalmen: die Kamele der heiligen drei Könige. Vermummt gegen die Sonne ritt ab und zu ein Araber nach Hause oder auf seine Felder: Nie sah ich ein Pferd in Jericho, immer waren es Esel und Kamele, die die Menschen hin- und hertrugen: Immer und überall war das Bild aus der Kinderbibel gegenwärtig, die Lehmhütten ohne Fenster, die Ziegen, Esel und Kamele, die Menschen barfuß, in selbstgewebten Stoff eingewickelt.

Und Kissinger saß in Moskau und verhandelte über das, was nun hier geschehen sollte, ein Mann aus Fürth in Moskau. War ich deshalb hierher gekommen, um zu begreifen, wie so etwas vor sich geht?

Die drei von der Filmproduktion mußten noch einmal in die Stadt zurück: Irgendwas fehlte, ein Zettel, ein Zylinderventil, sie zogen ab wie die drei Musketiere.

Ich las in der *Geschichtlichen Geographie des Heiligen Landes*, verfaßt von George Adam Smith, einem englischen Pfarrer und Gelehrten, der es im Jahre 1894 schrieb, nachdem er zu Fuß und zu Pferd Palästina durchforscht hatte. Der englische General Allenby befaßte sich jeden Tag mit diesem Buch, als er im Ersten Weltkrieg Palästina von der Türkenherrschaft befreite, und die Landkarten des George Adam Smith spielten eine entscheidende Rolle, als man dann nach dem Krieg die Grenzen der Mandate festlegte: als aus den Trümmern des Türkischen Großreiches eine bunte neue Karte entstand, gezeichnet in Europa, von Europäern, die auch die Königreiche und Könige erfanden, vor deren Nachfolgern sie nun auf die Knie fielen.

George Adam Smith nennt sein Kapitel über Jericho »... Eingang von Israel«, denn, zog man vom Osten her gegen Jerusalem, so boten nur die Quellen von Jericho, Ain Feschka und En-Gedi die Möglichkeit, noch einmal die Wasservorräte aufzufüllen.

Seit Menschengedenken galt Jericho als ein Paradies auf Erden. Nach der biblischen Überlieferung sah Moses von den moabitischen Bergen auf Jericho hinunter, auf die Palmenstadt, und Jahwe sagte zu ihm: »Dies ist das Land, von dem ich einst geschworen habe, es soll den Kindern von Abraham, Isaak und Jakob gehören.«

Mehrmals wurde Jericho erobert und zurückerobert, aber als ich da unter den Palmen von Jericho weiterlese, während ich meinen türkischen Kaffee schlürfe, erfahre ich auch, daß sich Jerichos Einwohner dabei niemals durch besondere Tapferkeit ausgezeichnet hätten. »Wie hätten sie das auch gekonnt, in diesem Klima?« fährt der Engländer nachsichtig fort. Kein großer Mann wurde in Jericho geboren, keiner heroischen Tat kann es sich rühmen, »... nie hielt es einer Belagerung stand, und seine

Einwohner sind jedesmal weggerannt ...« Sie sind weggelaufen und wiedergekommen, haben sich wieder in den Schatten der Palmen gesetzt, Datteln geerntet und Balsam ...

Auch vor fast hundert Jahren fiel es dem gelehrten Wanderer nicht leicht, hier, im tiefsten Tal der Erde, etwas Bestimmtes und Eindeutiges zu finden und zu sagen. Nie, heißt es in seinem Buch, habe der Jordan die Eroberung Judaeas vom Osten her verhindert, die Kinder Israels selbst zogen von hier aus ins Gelobte Land, dann die Assyrer und Babylonier. David konnte Absaloms Übergang nicht verhindern, und die Kreuzfahrer hielten Saladin hier nicht auf, noch Napoleon die Türken. Auch dem allmählichen Eindringen der Araber nach Westpalästina bot dieser Fluß keinen Einhalt, und selbst eine Grenze zwischen Staaten war der Jordan nicht immer: Der Staat Davids umfaßte west- und ostjordanisches Gebiet. Aber er sei eine Grenze zwischen Nomaden und seßhaften Viehzüchtern, berichtet Smith weiter. Vielleicht liege seine Bedeutung nicht so sehr darin, jene abzuhalten, die nach Westen vordringen, sondern vielmehr darin, daß der Jordan einen guten Grund für sie abgebe, nicht wieder nach Arabien zurückzukehren.

Und während ich Datteln aus Jericho kaue, lese ich, jetzt mit dem Rücken an eine der vielen tausend Lehmhütten gelehnt: »Es wird aus der ganzen Geschichte Israels klar, daß seine Menschen selbst spüren, daß sie nun vom Osten abgeschnitten waren, daß das Land unter ihren Füßen sich nicht mehr wie ein Teil Arabiens anfühlte, und daß sie darüber hinweggingen im Bewußtsein einer anderen und höheren Bestimmung als die der arabischen Stämme, mit denen sie endgültig brachen, als sie den Jordan überschritten ...«

Der Jeep fährt zum drittenmal vorbei. Jeder in Jericho weiß inzwischen, wer wir sind und was wir machen. Der Jeep hält. Der Soldat sagt: »What are you reading?« Ich stehe auf, gehe zum Straßenrand hinunter und reiche ihm das Buch, in dem ich die letzten Zeilen rot unterstrichen habe. Der Soldat liest, liest es zweimal, seine Lippen bewegen sich, dann schweigt er. Er übersetzt den Satz ins Hebräische, aber die anderen reagieren nicht darauf. Sie sitzen in ihrem Jeep, verstaubt und müde von den endlosen Fahrten entlang des Jordans.

Dieser Tag in Jericho bedeutet eine Wende für mich: Bis dahin hatte ich mich nur *innerhalb* der großen Familie der Israelis bewegt, hatte mit keinem Araber gesprochen, außer mit dem, der die Beduinen der Filmproduktion versorgte, und auch mit ihm nur einige Sätze, nicht mehr. Bis dahin bestand das arabisch-israelische Problem für mich nur aus Zeitungsausschnitten, stand in Büchern, schlug sich nur auf der einen Seite nieder, auf der meiner Freunde, und bis zu diesem Tag waren alle meine Freunde in Israel Juden, auch wenn sie es im strengen Sinne des Rabbinats längst nicht mehr hätten sein dürfen. Aber sie blieben Juden, weil sie fest glaubten, es zu sein. Der Frage, ob sie denn gern Juden waren, lieber Juden als irgend etwas anderes, wichen sie fast immer aus. Sie seien Israelis, und dies sei ihr Zuhause. Sie bestanden darauf, daß Jerusalem ihnen gehöre – Jerusalem würden sie bis zum Tode verteidigen. Die Antworten auf solche Fragen wurden, je weiter der Krieg dauerte, immer persönlicher, und je länger dieser Krieg währte, desto mehr krochen die Israelis in ihre eigene Haut zurück, jeder in seine eigene.

Ich lief wieder zum Haus des Arabers und wartete auf die drei Männer, die schöne Tochter brachte uns Pfefferminztee in goldrandigen Gläsern, der Muezzin rief zum Gebet, die Jeeps mit den kleinen Geschützen rumpelten vorbei, in der Ferne hörten wir Flugzeuge, eine Herde Ziegen trabte am Garten vorüber. Jemand im Haus stellte das Radio an, Radio Amman brachte Nachrichten. Aus den Gesichtern der Araber ließ sich nichts lesen. Die moabitischen Berge schimmerten durch die Palmen und zwischen den Blüten der Bougainville, sie stehen den judäischen Bergen gegenüber, zwei Wände, dazwischen der kleine Fluß, manchmal Grenze, manchmal Front, manchmal nur eben ein kleiner Fluß zwischen hohen Bergen, ohne ihn gäbe es keine Dattelpalmen, keine Bananenstauden, kein Jericho. Tel Aviv war so weit weg wie noch nie, und die Fragen, die sich die Menschen in Zürich und New York, Paris, Rom oder London stellten, galten dem Öl, galten den Sowjets oder Amerikanern. Sie hatten wohl noch nie denen gegolten, die, den arabischen Politikern zufolge, sehnsüchtig auf ihre Befreiung warteten und, den israelischen Politikern zufolge, zum erstenmal in ihrem Leben ohne Not und demnach glücklich waren. Ihretwegen, so behaupteten die

Führer der arabischen Staaten von Tunesien und Marokko bis zum Irak immer wieder, ihretwegen war man aufgebrochen, schossen sich die jungen Männer gegenseitig tot in den Wüsten und Gebirgen im Süden und im Norden.

Ich sah auf die verlassenen Lehmhütten. Hier hatten die Italiener gefilmt, als der Krieg ausbrach, durch die engen Gassen war Burt Lancaster im biblischen Gewande gewandert, einige Wochen lang kehrte damals Leben hier ein. Heute hatten wir den Mann von der UNRRA bezahlt, der für das leere Lager noch immer verantwortlich war, einer von den vielen mit irgendeinem Zeichen am Auto, einer von denen, deren Aufgabe es ist, zwischen den Fronten zu stehen oder über ihnen. Und die eben auf diese Weise in der ganzen Welt heute ihr Brot verdienen, mit dem *Dazwischen- oder Darüber-Stehen.* Das ist ein ziemlich neuer Beruf, wir haben diese Männer und Frauen noch gar nicht richtig eingeordnet, sie haben keinen gesellschaftlichen Status. Denn, genau besehen, leben sie in ihrem eigenen weltweiten Getto: auch wenn oder gerade weil sie Grenzen passieren, die uns verschlossen bleiben. Wir hatten ihn also bezahlt, den Hüter des leerstehenden Flüchtlingslagers.

Nicht wenige der jungen Männer und Frauen, die nun auf der ganzen Welt in den Wartehallen der Flughäfen Bomben warfen oder Sportler bei den Olympischen Spielen erschossen oder Flugzeuge entführten und dann in die Luft sprengten, nicht wenige von diesen oft vermummten Gestalten vom Schwarzen September oder den Feddajin, waren hier aufgewachsen, hier oder unter den 160 000 Flüchtlingen aus den acht Lagern im Gaza-Streifen. Als der Jom-Kippur-Krieg ausbrach, wohnten eine Million Araber in dem von Israel kontrollierten Gebiet. Und sie sollten durch diesen Krieg befreit werden. Ich fuhr nun zwischen ihnen und den Juden ohne Mühe hin und her, saß am Nachmittag in Jericho in einem arabischen Garten voller Blüten, die Berge von Jordanien vor Augen, und am Abend in Tel Aviv zwischen den israelischen Eltern, die nicht vom Telefon wichen, denn ihr Sohn war jetzt in Afrika und lebte inmitten des großen Sterbens, das am 6. Oktober ausgebrochen war. Im Koran steht: »Seid in Affen verwandelt und ausgeschlossen von der Gesellschaft der Menschen« – gemeint sind die Juden.

Am Abend von Jericho nach Jerusalem fahren: Die Farben der moabitischen Berge wechseln von graublau in die der alten rosa Rosen, die es nicht mehr gibt, und dann senkt sich langsam ein violetter Schleier auf sie herab, weht wieder weg, so lange wie man braucht, um ein einziges Mal Luft zu holen. Dann sind die Berge hellschwarz. Die Kamele, die zwischen Jericho und dem Toten Meer einhergehen, die Ziegen und Esel, scheinen über der Erde zu schweben. Auf der anderen Seite, ihnen gegenüber, werden Kinderträume wach, wird aus der Postkarte, die wir neben unser Bett stellten, auf einmal ein richtiger Himmel: ein riesiger Himmel: lila, grün und orangefarbig, dann rubinrot, wie die Fenster der Adventslaternen. Die Palmen in der Oase bewegen sich jetzt, die Tiere stehen näher beieinander, der Abendstern geht auf und dann der Mond.

Die Soldaten in ihrem Jeep mit dem kleinen Geschütz hatten auch angehalten und sahen in den Himmel. Bis auf das leise Geläute der Ziegenglöckchen ist es vollkommen still. Perlmuttfarben schimmert das Tote Meer, einige Minuten lang, dann taucht es ohne jeden Übergang in schwarze Tinte ein.

Am Straßenrand warteten Soldaten, die Maschinenpistole im Arm, Panzer, Geschütze, Zelte standen zwischen den Hügeln, Taxen mit Arabern überholten uns. Wir nahmen Soldaten mit, nach einigen Kilometern wollten sie plötzlich aussteigen. Wir hielten, sie stiegen aus, noch immer die Maschinenpistole im Arm als würden sie auch damit schlafen wie Mädchen mit Puppen. Sie sagten »tota« und verschwanden im Dunkeln, die kahlen steinigen Hügel verschluckten sie. Diese Soldaten waren viel jünger als die, die in Aschkelon versuchten, sich vom Krieg zu erholen und sich dann die Pulsadern aufschnitten. Diese hier, das waren Kinder.

Hussein würde wohl jetzt nicht mehr über den Jordan kommen.

Auf der Straße nach Tel Aviv rollte der Verkehr ohne Unterlaß. Wir nahmen Soldaten bis nach Tel Aviv mit; sie hatten fast nie etwas anderes bei sich als das Gewehr. Sie fuhren für vierundzwanzig Stunden nach Hause.

Im Grand Beach Hotel waren alle guter Laune: Es würde wohl diesmal wirklich einen Waffenstillstand geben, es sah so aus, als ob es möglich wäre. »Die Kinder kommen nach Hause«, sagte die Frau, die das Restaurant jetzt leitete und die Mädchen überwachte, die jetzt servierten, weil die meisten Männer im Krieg waren.

Aus dem Büro hörte ich den Fernschreiber ticken, der brasilianische Journalist tippte seinen Bericht nach Rio, in der Bar standen der Däne und der Photograph. Der Däne hatte schon seinen Bericht nach Kopenhagen telefoniert, der Photograph die Filme weggebracht, sie sahen müde aus und erleichtert, wußten aber, daß es jetzt anstrengende Tage geben würde zwischen Krieg und Waffenstillstand und dann zwischen dem Waffenstillstand und dem nächsten Schritt: wie der auch immer aussah.

Die Journalisten waren in den sechzehn Tagen des Krieges dauernd hin und her gefahren zwischen der Sinaihalbinsel und den Golanhöhen, zwischen dem Geschützdonner an der syrischen Front und dem Geschützdonner an der ägyptischen Front. Sie hatten sich im Pressezentrum versammelt, wenn Pressekonferenzen angekündigt worden waren. Sie wußten vieles besser als ich, und sie wußten vieles nicht, was ich wußte. Am Abend erzählten sie mir von den Panzerschlachten im Süden und im Norden, und wie sie über den Kanal nach Afrika gebracht worden waren. Sie brachten auch immer etwas mit, eine Mütze oder einen Stahlhelm aus Ägypten, ein Geschoß oder einen Splitter aus Syrien.

Ich hatte an diesem Abend nichts weiter zu erzählen, als daß ich den Tag in Jericho verbracht hatte, mit Lesen und Kaffeetrinken, im Garten eines Arabers, im Schatten seiner Palmen, angesichts des Jordans und der Berge von Moab. Aber niemand interessierte sich in diesen Tagen für Jericho oder für das Tote Meer oder für tausend leere Lehmhütten im Flüchtlingslager. Das waren Nebensachen: Es galt, den Krieg zu beenden. Man war sich nur nicht darüber klar, wie dies geschehen sollte. Noch hatte das zweite Israel nie einen Krieg verloren, also konnte es eigentlich auch diesen nicht verlieren. Eine halbe Stunde lang überflogen Kampfflugzeuge in der Nacht Tel Aviv.

Der Filmproduzent erkundigte sich am Telefon, ob es eine Chance gebe, den Moses-Film in Israel zu Ende zu drehen. Ob ich ihn am nächsten Morgen wieder in Rom anrufen könne?

Jeder glaubte inzwischen an den Waffenstillstand, und doch wurden immer wieder Zweifel laut. Für jemanden, der in einem Sechs-*Jahre*-Krieg aufgewachsen ist, war dieser Krieg kurz, sechzehn *Tage*, zwei Tage mehr als zwei Wochen. Für die Israelis war er schrecklich lang: zehn Tage länger als der vorhergehende. Was sind denn sechzehn Tage Krieg! Aber die Welt hatte sich verändert, und die Israelis waren aus ihrem schönsten Traum aufgewacht: Für sie bedeuteten diese sechzehn Tage etwas Ungeheuerliches, einen Schmerz ohnegleichen. Sie hatten allesamt geglaubt, das Märchen sei nun wahr, sie hatten die Augen vor der Wirklichkeit geschlossen. Und warum sollten sie, die in alle Winde Verstreuten, die Gehetzten und Verfolgten, Gefolterten und Überlebenden der Massaker, warum sollten sie nicht ein halbes Jahrzehnt glauben, nun endlich in gesicherten Grenzen leben zu können?

Drei Millionen Juden hatten noch einmal 100 Millionen Arabern standgehalten, hatten sie zurückgeschlagen, ihre Soldaten und Panzer warteten nun auf den Straßen nach Kairo und Damaskus – aber jeder in Israel wußte inzwischen auch, daß man nur noch einmal davongekommen war, daß es fortan nie etwas anderes mehr geben konnte als die totale militärische Abhängigkeit von Amerika oder den Untergang.

Der Traum war ausgeträumt: David hatte seinen letzten Stein verschossen und Goliath war nicht tot.

11. Kapitel
Das Konzert

Tel Aviv: Was ist das für eine Stadt? Eine Pappdeckelstadt! Hastig dort hingestellt, wo jahrelang die Zelte derer gestanden hatten, die davongekommen waren, erst davongekommen und dann unter Mühen und Gefahren eingewandert, oft nachts durch die Brandung gewatet, von britischen Soldaten interniert, abgeschoben und wieder eingewandert waren. Vor meinem Fenster im Grand Beach Hotel puffte der dicke hohe Schornstein des neuen Elektrizitätswerkes schwarze Rauchschwaden aus — gleich neben dem Strand, der ein herrlicher Strand hätte sein können. Auf dem Dach des Hotels ist ein Swimmingpool, und vom Dach aus kann man Jerusalem sehen.

Mit anderen Worten: Vom Dach in Tel Aviv sieht man von der einen Seite Israels aus die andere. Und auch der Länge nach kann man es an einem Nachmittag durchfahren - den Negev ausgenommen. Um so viel Land geht es. Die Juden wollten es einst kaufen. Früher hat man oft ganze Länder oder große Inseln verkauft. Alaska verhökerte der russische Zar an Amerika, als er Geld brauchte. Hätten nur die Türken 1870 Geld gebraucht und die Zionisten so viel gehabt: Vielleicht wäre vielen Menschen manches erspart geblieben. Damals waren alle, die zwischen dem Mittelmeer und dem Toten Meer, zwischen Galiläa und dem Roten Meer lebten, türkische Untertanen, die Juden ebenso wie die Araber und die Christen. Damals gab es Tel Aviv noch nicht, sondern nur Jaffa, und das Land war leer. Beerscheva bestand aus zwei Häusern.

Das Land war leer? Oder sah es nur so aus? Die Zionisten stellten sich das Land leer vor. Es wartete auf sie: Damit begann das große schöne Märchen, dessentwegen nun die Kinder immer wieder in den Krieg zogen. Um dessentwillen die Mädchen schon in der Schule schießen lernten. Ich muß gestehen, wie ich so im Jom-Kippur-Krieg kreuz und quer durch Israel fuhr und diese jungen schönen Israelis sah, wie ich in den Gesichtern der alten Männer und Frauen las, die mit mir nach Israel, in den Krieg, nach Hause, flogen, da wünschte ich mir auch, in einem solchen Märchen leben zu dürfen, darin einzutauchen, die enge Geborgenheit zu spüren, einzutreten in einen Garten mit einer dicken, hohen Mauer, die besagt: Das ist etwas besonderes, das geht niemanden etwas an außer uns selbst.

Das ist unser Märchen: unseres ganz allein.

Wie sieht das Märchen von außen aus? Im Jahre 1880, zehn Jahre nach der ersten zionistischen Einwanderungswelle aus Rußland, wohnten 450000 Menschen in Palästina. 24000 davon waren Juden, 45 000 waren Christen, wer die anderen gewesen sind, sagt die *Enzyclopaedia Judaica* nicht.

Das Märchen vom leeren Land, das sie besiedeln wollten, hatten die Zionisten erfunden, so wie die Amerikaner sich die Prärie und überhaupt ganz Amerika leer dachten, damit es später nicht heißen sollte, man habe es jemandem weggenommen.

Aber natürlich gibt es einen Unterschied: Auf dem Gebiet des heutigen Israel bildeten einige halbnomadische Stämme aus den Randgebieten der arabischen Wüste den ersten israelitischen Staat, den Staat König Davids mit Jerusalem als Hauptstadt. Und obwohl dieser Staat seine politische Unabhängigkeit nur ungefähr zweihundertundfünfzig Jahre lang behaupten konnte, waren die Israeliten doch die einzigen, die im Gebiet zwischen dem Libanon und dem Roten Meer einen solchen unabhängigen Staat je geschaffen hatten. Und in ihrer Religion spielt Jerusalem eine so zentrale Rolle, daß es – sein Besitz oder zumindest der freie Zugang dahin – nicht aus dieser Religion herausgelöst werden kann. Das ist der Kern des Märchens, und wie in jedem Märchen ist der Kern wahr. Es haben auch immer Juden in Israel gelebt, in ununterbrochener Folge: Aber manchmal waren es nur noch 1000 Familien, und lange Zeit siedelten sie nur in vier Städten: Jerusalem, Hebron, Tiberias und Safed.

Massada bezeichnet heute allgemein das Ende des alten Israel, aber auch dies ist nur ein Teil des Märchens, richtig und doch unrichtig, auf jeden Fall eindringlich, ein Zeichen, ein Fanal, wie es die Völker nun einmal brauchen, wollen sie nicht untergehen, und derentwegen sie dann aber doch vielleicht gerade untergehen.

Der erste Staat Israel, genauer das Südreich des nach Salomos Tod geteilten Landes, hörte schon ein halbes Jahrtausend vor Massada auf zu bestehen: mit der Zerstörung Jerusalems im Jahre 586 durch die Babylonier und die Massenverschleppung der Bevölkerung in das Zweistromland (den heutigen Irak). Auch das Allerheiligste der Juden wurde damals verbrannt, Lade und Tempel. Es waren die Juden in Babylonien, die Deportierten, die nun Jerusalem zu jener zentralen Bedeutung erhoben, die es heute ohne jeden Zweifel in der jüdischen Religion und in deren täglichen Gebeten und Gedanken hat.

Die deportierte jüdische Gemeinde lieferte allen nachfolgenden Vertriebenen ein Beispiel. Zum erstenmal gab es damals eine Diaspora, und bis heute hat der Begriff und die Realität der Diaspora im Leben der Juden eine unvergleichliche Rolle gespielt. Anstatt sich zu assimilieren, bemühten sich die Juden in Babylonien darum, sich von den Angehörigen anderer Völker zu unterscheiden. Bräuchen, die bis dahin kaum oder eine wesentlich geringere Rolle gespielt hatten, wie der Sabbat und die Beschneidung, schrieben sie nun eine wesentliche Bedeutung zu. Dieses Beharren auf der Unterscheidung, das Festhalten am Glauben und an den anderen Bräuchen der Väter ermöglichte es auch den von den Römern vertriebenen Juden, sich weiterhin als ein Volk zu betrachten.

Es gehört zum schönen, aber eben auch gefährlichen Märchen des neuen, heutigen Israel, die Augen aller auf das Wunder der langen Diaspora zu lenken und in der Einhaltung der Gesetze und Gebräuche auch und gerade in der Fremde die große und besondere, die einzigartige Tugend des jüdischen Volkes zu erblicken, eine Tugend, die Gott doch eines Tages ganz ohne Zweifel belohnen muß. Es gehört auch zum Einmaligen des jüdischen Glaubens, daß er die politische Katastrophe, den politischen Untergang, umwandelte in ein von Gott gewolltes Ereignis, eine Prüfung, durch die Gott beweist, daß er gerade mit diesem Volk etwas besonderes vorhat, daß er es *auserwählt* hat.

Schon um die Mitte des 8. Jahrhunderts v. Chr. begannen die großen israelitischen Propheten, deren Sprüche uns im Alten

Testament überliefert sind, die historischen Vorgänge als Gottesgericht zu interpretieren. Und nur im Lichte dieser zweieinhalbtausend Jahre zurückreichenden Zusammenhänge kann das heutige Israel und sein großes Märchen überhaupt verstanden werden. Die Gefahr dieses Märchens ist, daß diejenigen, die daran glauben, in den geschichtlichen Vorgängen das sinnvolle Handeln eines Gottes sehen. Das macht sie blind für die Realitäten dieser Welt, für die Motive der anderen.

In dem Augenblick, in dem aus den eigenen Fehlern und deren Konsequenzen ein göttliches Gericht wird, ist eine Rückkoppelung im aktiven politischen Handeln kaum noch möglich, findet ein *feedback* und damit eine logische Korrektur nicht mehr statt. Deshalb kann auch die Politik der Araber von vielen Israelis nicht als das begriffen werden, was sie ist, sondern muß vielmehr als ein besonderes, gegen sie gerichtetes Verhalten betrachtet werden. Israel kann unter diesem Gesichtspunkt auch nicht ein Staat wie andere Staaten und seine Kriege können nicht irgendwelche Kriege sein.

Eine Vorstellungswelt, in der der Gedanke des Untergangs als gottgewolltes Gericht enthalten ist, beschwört die Gefahr dieses Untergangs selbst unbewußt mit herauf. Denn er ist ja als integraler Bestandteil einprogrammiert, sozusagen als »richtig« gespeichert. Die Struktur des Verhaltens würde, wenn man diesen Faktor herauslöste, wohl zuerst einmal zusammenstürzen, bevor sie wieder neu gefunden oder erfunden werden könnte. Es ist schwer zu sagen, wie viele Israelis heute noch bewußt und wie viele unbewußt in dieser Vorstellungswelt leben. Schwer zu sagen ist auch, welche davon die Politik ihres Landes mitgestalten. Bei einem Soldaten, der Frau eines Professors, einem Arzt, dem Barmixer im Grand Beach Hotel und einem müden Hauptmann in der Wüste traf ich sie noch an.

Als der Jom-Kippur-Krieg zu Ende ging, stellten sich viele Menschen neue Fragen, an die sie vorher nicht einmal gedacht hatten: nicht nur in Israel, aber in Israel doch vor allem. Die Kinder waren wieder in einen blutigen Krieg gezogen, sie hatten ihn diesmal weder gewonnen noch verloren, man war zwar vorläufig wieder einmal von der unmittelbaren Angst befreit, völlig vernichtet zu werden. Diese Gefahr war aber im letzten Krieg noch realer als zuvor, sie war mit einer neuen politischen Konstellation und neuen Waffen in der Nachbarschaft diesmal in greifbare Nähe gerückt. Staaten können untergehen, und viele sind schon untergegangen. Sogenannte Freundschaften zwischen Staaten wechseln so schnell wie das mitteleuropäische Wetter. Das ist, wie eine Scheidung oder der Tod der Mutter, nur dann neu und schmerzlich, wenn es nicht mehr andere betrifft, sondern einen selbst.

Es waren damals außer den Journalisten nur wenig Fremde in Israel, im Norden und Süden wurde trotz des inzwischen eingegetretenen Waffenstillstandes noch immer erbittert gekämpft. In meinem Zimmer im Grand Beach Hotel, hoch über Tel Aviv, der Stadt, die wie keine andere versucht hatte, das Märchen Wirklichkeit werden zu lassen und für diese neue Wirklichkeit auch nach außen hin sichtbare Zeichen zu setzen, saß ich nun und las Tag und Nacht: die neueste Übersetzung der Bibel, die wissenschaftlichen Standardbücher über die Geschichte des ersten Israel, die Einführungen in Talmud und Midrasch, den Koran und die Geschichtsbücher über die arabischen Völker und den Islam, Tagebücher und Dokumentensammlungen, die die Entstehung des neuen Israel zum Inhalt hatten.

Noch immer saßen wir in einer Mausefalle. Noch immer regulierten die Nachrichtensendungen unseren Tagesablauf und unseren Schlaf. Langsam aber veränderte sich etwas in mir: Langsam, aber doch jeden Tag mehr, begann ich die Sprache der Menschen in Israel zu verstehen und selbst zu sprechen, begann mich ihrer Bezüge, Bilder, Erinnerungen zu bedienen. Langsam fing ich an, zu begreifen, was sich ohne die Mühe des Lernens nicht begreifen läßt. Überall an den Wänden, über dem Spiegel und sogar an der Fensterscheibe meines Zimmers hingen nun Landkarten, Tabellen und Chronologien. Die Zimmermädchen und die indischen Bellboys sahen sich das erstaunt an. Unsere Unterhaltungen am Kiosk und in den Läden, mit den Kellnerinnen und befreundeten Professoren – unsere Unterhaltungen änderten sich vollkommen, denn ich fing ja an, etwas von dem zu begreifen, das die Israelis und die Juden niemandem Außenstehenden erklären können: ihre ungeheure Last, diese tödliche Last, die sie nun seit zweieinhalbtausend Jahren mit sich herumschleppen. Es ist die Struktur der Bezüge und vor allem die Konstellation dessen, worüber man ein gutes Gewissen haben darf oder ein schlechtes Gewissen haben muß. Konstellationen, die in einer Zeit der politischen Ohnmacht, der politischen Handlungsunfähigkeit entstanden, als man die geschichtlichen, religiösen, juristischen und kultischen Überlieferungen sichtete. In Israel kann sich selbst der ungläubigste Jude dieser Struktur der Bezüge niemals vollständig entziehen und ist, auch wenn er daran nicht glaubt, in sie einbezogen.

Der neue israelische Staat, so ging es mir eines Tages durch den Kopf, sitzt nicht so sehr in einer Mausefalle, weil er von so vielen Feinden umgeben ist, sondern weil die Israelis die Gefangenen ihrer eigenen Gedanken sind; Gedanken, von denen einige vor zweieinhalbtausend Jahren im Exil formuliert wurden und die vor 1948 nie einer politischen Prüfung unterzogen werden mußten. Und so stand Israel, stand jeder Israeli in diesem Herbst vor dem Prüfstein seiner eigenen mitleidlosen Gesetze und wußte nicht mehr wohin.

Die Nachkommen jener, die die Religion und die Gesetze formuliert hatten, mußten sich jetzt zwischen politischer Notwendigkeit und ideologischem Anspruch entscheiden. Und es wurde zumindest einigen unter ihnen langsam klar, daß die Aufrechterhaltung des ideologischen Anspruches ihren Untergang bedeuten konnte und die Beugung unter die politische Notwendigkeit die Ideologie verraten mußte. Mit anderen Worten: Sie mußten die Durchführbarkeit ihrer Religion überprüfen.

Juden haben ihre zweite Landnahme in Israel mit einem moralischen Anspruch gerechtfertigt und dafür das Verständnis der Weltöffentlichkeit gefordert. Es wurde ihnen gerne gewährt, solange sich für die nichtarabischen Länder keine unmittelbaren Nachteile ergaben. Das hat sich seit dem Jom-Kippur-Krieg geändert. Die Israelis mußten lernen, daß den Europäern, Japanern und selbst den Amerikanern der eigene Wohlstand wichtiger war als die Interessen ihres Landes.

Die im Judentum, Islam und Christentum verankerten moralischen Ansprüche haben sich noch niemals mit unserem politischen Handeln in Einklang bringen lassen – nur merkten die

Juden das als letzte, weil ihnen zweieinhalbtausend Jahre lang politisches Handeln versagt war. Seit Menschengedenken wurde die *Landnahme* durch Gewalt ausgeübt, verherrlicht, akzeptiert, vertuscht, entschuldigt, gerechtfertigt. Seit Menschengedenken und in beinahe ununterbrochener Folge veränderten sich die Zustände in allen Gebieten unseres Planeten durch eben solche gewaltsamen Eingriffe einer Gruppe in das Leben und Besitztum einer anderen. Das Neue und von niemandem so recht Begriffene ist eine von den meisten Staaten der Erde inzwischen akzeptierte veränderte Moral: Zufällig bestehende heutige Grenzen sollen in Zukunft unverletzlich sein. Sie sollen endgültig bleiben und nur noch freiwillig durch die Betroffenen verändert werden können. So steht es schon in der Charta der Vereinten Nationen und wird es durch die Entspannungspolitik der Großmächte Wirklichkeit – oder eine neue weltweite Lüge. Denn für die Grenzen Israels scheint der allenthalben proklamierte Gewaltverzicht nicht zu gelten.

Ich nahm viele Gespräche auf Tonband auf, auch und vor allem mit Soldaten und Arabern. Sie redeten über alles, was ihnen in den Sinn kam ungeschminkt und ungefiltert, mitten im Krieg, oft mit einer Flasche Wein in der Hand, bei einer Tasse Kaffee oder auf einem im Wadi ausgebreiteten Kamelhaarteppich. Manchmal ist das Schießen in der Ferne auf den Bändern gut zu hören.

Nie zuvor habe ich Soldaten so reden hören. Nie zuvor sah ich Menschen so verzweifelt vor der nun unabänderlichen Aufgabe, zwischen Sinn und Unsinn der Gewalt unterscheiden zu müssen. Sie waren ohne Vorbereitung an einem Feiertag in einen Krieg gezogen, um Grenzen zu verteidigen, die sie sechs Jahre zuvor mit Gewalt gezogen hatten, damit sie der Gewalt der anderen zuvorkamen, die nun mit Gewalt jene Grenzen wieder ungeschehen machen wollten.

Ein Offizier sagte: »Das Neue an diesem Krieg ist, daß jedem seine Dummheit geradezu ins Gesicht schreit, daß wir angefangen haben, es nun gleichzeitig zu sehen, hüben wie drüben, wir sitzen noch in unseren Panzern, drücken auf die Knöpfe, schießen schneller und genauer als je zuvor, und doch können wir uns jetzt des Gefühls einer ungeheuerlichen Dummheit nicht mehr erwehren. Und ich glaube, denen drüben geht es ganz genauso, nicht allen, natürlich nicht, aber mehr Soldaten als je zuvor haben jetzt dieses Gefühl. Wir schießen uns tot in der Wüste, zweitausend Panzer schießen aufeinander in der Wüste, fliegen in die Luft, brennen aus, probieren neue Munition und neue elektronische Zielgeräte aus, bringen nebenbei Menschen um und werden umgebracht, und entschieden wird nichts, keiner gewinnt, keiner verliert. Es reist dann ein kleiner Mann aus Fürth her, und auf dessen Geschicklichkeit kommt es an oder auf die eines uns noch unbekannten Chemikers oder Physikers, der in seinem Labor das Ölmonopol bricht, irgendwo sitzt vielleicht einer und denkt nach und verändert den ganzen Nahen Osten, und was wir hier in der Wüste tun, in unseren Panzern, das ist nur noch ein Theater, ein Spiel: Fußball mit tödlichem Ausgang. Früher wußte man das wenigstens. Haben Sie mal Josephus gelesen? Nein? Der sagt es ohne Umschweife: Man braucht ja auch Gefangene für die Spiele, um sie den Tieren in der Arena vorzuwerfen, auch deshalb fanden Kriege statt. Die Religionen haben es immer wieder versucht, aber keine hat es geschafft, keine wußte auf die Frage nach der Gewalt eine eindeutige Antwort zu geben, jede hielt sich ihr Nebentürchen offen, in jeder stecken tausend Lügen, tausend Widersprüche.«

Der Hauptmann war erst fünfundzwanzig Jahre alt, er sprach ruhig und traurig wie ein alter Mann. Sohn eines Naturwissenschaftlers und selbst Naturwissenschaftler konnte er es nicht mehr ertragen und hat wenige Tage später versucht, sich umzubringen.

»Wie«, sagte er, »wie sollen wir denn noch mit so vielen Lügen fertigwerden? Sehen Sie, da gibt es das Gesetz der Rückkehr: Wir versprechen den 13 Millionen Juden in der Welt eine Heimat in Israel, auf 20000 Quadratkilometern, von denen mehr als die Hälfte Wüste sind. Wir versprechen es, und dies ist ein Gesetz in unserem Land. Aber es ist deshalb ein Gesetz, weil wir wissen, daß sie nicht kommen. Das ist so, als wenn ich meinem Bruder sage, ich pump Dir eine Million, weil ich weiß, daß er davon keinen Gebrauch macht. Ich habe ja die Million gar nicht, und wenn er sie dann wirklich braucht, wird mir schon was einfallen. So ist das mit Israel. So ist das mit unserer

Regierung: Sie verläßt sich darauf, daß ihr schon wieder was einfallen wird, um die Märchen wahr zu machen. Aber im Talmud steht auch: ›Wenn einer ein einziges Leben zerstört, so ist das, als ob er das ganze Universum zerstört, und wenn einer ein einziges Leben rettet, so ist das, als habe er das ganze Universum gerettet‹.«

Während wir redeten, liefen wir durch Jerusalem, stiegen die steilen Treppen zum Dach der Zitadelle hinauf und sahen über die Stadt. Der Hauptmann lehnte sich an die Mauer, sah mich an und lachte plötzlich. »Und trotzdem lasse ich mich jederzeit für Jerusalem umbringen und bringe jeden um, der es uns wegnehmen will. Für Jerusalem will ich gerne sterben, jederzeit.« Als wir unten ankamen, hielt er mich am Arm fest: »Tel Aviv können sie meinetwegen haben, sollen sie von mir aus Tel Aviv nehmen, wenn wir nur Jerusalem behalten dürfen ...« Und wie mancher in dieser Zeit in Israel sprach er den Namen nicht aus, sagte »sie«, und nicht »die Araber«.

Noch immer war der Krieg nicht ganz zu Ende, noch immer fuhr das Taxi mit abgeblendetem Licht zurück nach Tel Aviv. Freunde riefen mich an und luden mich zu einem Konzert im Mann Auditorium ein. Es wurde zur Hälfte von Danny Kaye dirigiert, zugunsten der verwundeten Soldaten.

Sie holten mich ab, und wir fuhren in ihrem weißen alten Jeep in die Stadt. Die Menschen strömten in Scharen auf das graue große Gebäude zu, Familien mit Kindern, Soldaten, einzelne Frauen mit ihren Freundinnen. Busse und Sanitätswagen brachten Verwundete, einige ohne Beine, einige ohne Arme, und einen, dessen Kopf nahezu vollkommen verbunden war, eingehüllt in einen weißen Verband, ohne Augen, ohne Nase, ohne Mund. Dieser Mann ohne Gesicht wurde weithin sichtbar in die erste Reihe gesetzt, unter viele andere verwundete Soldaten in Schlafanzügen. Ich erinnerte mich jetzt an etwas, das mir der Hauptmann erzählt hatte, als wir in der Sonne von Jerusalem spazierengingen: Die Syrer würden den gefallenen israelischen Soldaten die Gesichter und die Hände verstümmeln, damit man sie nicht erkennen kann.

Das israelische Symphonieorchester gehört zu den besten Orchestern der Welt, es spielte zuerst unter seinem Dirigenten.

Wir saßen im überfüllten Mann Auditorium und hörten zu, aber es blieb eine große Unruhe unter den Menschen, denn vor uns und zwischen uns saßen die verwundeten Soldaten.

Dann kam Danny Kaye, wurde stürmisch begrüßt, begann seine Späße. Sie gelangen ihm diesmal und hier nicht. Er versuchte es immer wieder, das Orchester half ihm in bitterrührender Verzweiflung. Danny Kaye war schon seit vielen Tagen in den Lazaretten unterwegs, er war auch an der Front gewesen. Jetzt sah man es ihm an, daß er todmüde war.

Wir fuhren zurück, wir wollten von Jaffa aus den Sonnenuntergang sehen. Das alte Jaffa wird nach und nach aufgeräumt, es war immer mehr verslumt. Jetzt gibt es ein neues Jaffa am Leuchtturm, in dem viele prominente Künstler wohnen und wo man in den Boutiquen neue »alte« Kaftane kaufen kann und allerlei Kunst. Es ist alles sehr sauber, ordentlich und geschmackvoll, auch die Gäßchen und die großen rosa-gelblichen Steine, mit denen die Gassen gepflastert sind, malerisch gewundene kleine Straßen, auf denen immer noch oder schon wieder Katzen wohnen. Das ist das schöne Israel aus den Reiseprospekten, und die Reisenden brachten in den Monaten vor dem Krieg mehr Geld ins Land als die Zitrusfrüchte und die Diamanten. Bis dann der Krieg in sechzehn Tagen alles wieder verschluckte.

Wir setzten uns vor ein Café, aßen heiße Waffeln mit Sirup, trankenTee und sahen die Sonne blutrot im Meer untergehen und den blassen Mond aufsteigen. Wir schienen an diesem Tag und zu dieser Stunde die einzigen Gäste in Jaffa zu sein.

In Jaffa waren sie vor hundert Jahren gelandet, die Juden der ersten Einwanderungswelle, hatten die Erde geküßt, waren heimgekehrt nach über zweitausend Jahren, wollten ein Stück Erde besitzen, auf dem sie das sein durften, was ihnen anderswo verwehrt war. Die ersten Grundstücke hatten sie von den in Konstantinopel lebenden türkischen Großgrundbesitzern gekauft. So unschuldig hat wohl in der Geschichte kaum je eine Landnahme begonnen, so voller Hoffnung, voller Glauben. Sechs Prozent machten 1881 die Juden in der Gesamtbevölkerung Palästinas aus, nur in Jerusalem bildeten sie fast die Mehrheit, die sie dann nach 1914 erreichten. Im 19. Jahrhundert lebten die jüdischen Gemeinden in Palästina überwiegend von den mildtätigen Gaben der Diaspora, viele Juden kamen nach Jerusalem, um zu beten und zu sterben, das war eine *mitzba*, eine heilige Pflicht, durch die das Erscheinen des Messias beschleunigt wurde.

Von Jaffa aus zogen 1882 jene, die zur ersten der drei großen Einwanderungswellen gehörten, mit Packtieren, Zelten und Trinkwasser zu dem von ihnen erstandenen Land. Sie nannten diese neue Kolonie *Rischon le-Zion.* Andere folgten ihnen nach und kauften und besiedelten das Land im Norden, Süden und Westen der Küstenebene. Damals landete auch ein Mann in Jaffa, der auf die Zukunft des neuen Israel den größten Einfluß nehmen sollte: Eliezer Perlmann, ein vierundzwanzig Jahre alter Philologe aus Litauen, der bald verkündete, Perlmann sei tot, um dann als Ben Jehuda wiedergeboren zu werden. Ihm verdankt Israel seine heute im Lande gesprochene Sprache, das moderne Hebräisch. Was den Iren nicht gelang, eine archaische Sprache für ein ganzes Volk zur täglichen Umgangssprache wiederzuerwecken, gelang den Israelis. Der Zusammenhalt, den die gemeinsame Sprache den aus allen Erdteilen herbeigeeilten oder geflüchteten Menschen gegeben hat, kann kaum überschätzt werden. Wie anders hätte dieser Staat überhaupt entstehen können? Aber die Münze hat zwei Seiten, und auf der Rückseite läßt sich ablesen, was es heißt, wenn sich ein so hochbegabtes Volk ein neues Getto bauen mußte: aus einer Sprache, die niemand sonst versteht.

Meine Begleiter kamen aus Südamerika, und nur der Mann ist Jude, seine Frau Christin, beide sind nicht gläubig. Sie hatten inzwischen hebräisch gelernt und wohnten in einem Vorort von Tel Aviv.

Sie waren nicht als »Liebende Zions« nach Israel geeilt wie jene Männer und Frauen vor hundert Jahren, sondern weil sie glaubten, daß man in diesem Lande noch etwas unternehmen könne, weil sich hier die Gesellschaftsstrukturen noch nicht so verfestigt hätten wie in den kapitalistischen oder sozialistischen Staaten. Sie glaubten jedenfalls, hier freier zu sein als irgendwo, und zumindest der Mann fand, daß es sich in Israel noch zu leben lohne, was immer das für ihn bedeutete. Die Kriege nahm er dafür in Kauf, er fürchtete sich vor ihnen und er haßte sie – aber er nahm sie in Kauf. Eine Zeitlang hatte er sogar israelische Soldaten und Offiziere für eine Sonderaufgabe geschult, feig ist er bestimmt nicht. Er und seine Frau sind also nicht in Israel aufgewachsen, sie haben auch ihre argentinischen Pässe neben den israelischen behalten. Trotzdem sind sie bereit, für dies und in diesem Land zu sterben. Sie dachten nicht im Traum daran, wegzugehen, als der Krieg ausbrach. Aber ihre Wurzeln in Israel waren doch besonderer Art, mehr wie die von Topfpflanzen, die im Garten stehen, sie gehören dazu, man gewöhnt sich an sie, sie gewöhnen sich daran, da zu stehen, wo man sie hingestellt hat. Ob sie aber in diesem Garten auch bleiben, ist die Frage, und diese Frage stellten sie sich oft – nicht der Kriege wegen, sondern weil sie befürchteten, man habe nun wirklich begonnen, höheren Ortes die großen und die kleinen Lügen auch selber zu glauben. Diesen Zustand fürchten sie und betrachten ihn als tödliche Gefahr. Sie sind Israelis, und ohne Leute wie sie wäre Israel um vieles ärmer, aber sie wohnen doch am Rande der großen Familie, nicht in ihrer Mitte, und obwohl sie das als einen Vorteil und als ihre Freiheit empfinden, können sie doch auch einen gewissen Schmerz darüber nicht ganz verbergen. Das wird sich erst ändern, wenn sie Kinder haben, Kinder, die in Israel geboren sind, die in Israel zur Schule gehen, in die Armee, in den Krieg...

Wir fuhren am Strand entlang zurück nach Tel Aviv, vorbei an den großen Hotels: Dan's Hotel, Hilton, Sheraton, Grand Beach, vorbei an den Büros der internationalen Luftfahrtgesellschaften, vorbei an Palmen und Gartenanlagen, die noch nicht fertig, noch nicht aufgeräumt waren. Kaum jemand war auf den Straßen zu sehen, der Krieg noch immer nicht zu Ende, die Fenster verdunkelt. Das Geld Israels, mühselig verdient in den Zitronen- und Orangenplantagen, an den Diamantenschleifscheiben, von den Kellnern und Zimmermädchen, den Köchen der Hotels, wirbelte noch immer über der Wüste durch die Luft: Stahl und Feuer in ungezählten Variationen.

Im Innern des Staates Israel war es ganz still und dunkel, und jeder wartete, neben dem Telefon, am Radio, vor den Fernsehschirmen oder einfach auf einem der winzigen Balkone sitzend, wartete im Bett auf die besorgten Fragen des anderen daneben oder wartete im Bett allein auf den anderen, der irgendwo in der Wüste schlief oder in seinem Flugzeug saß und auch wartete, vielleicht auf dem Sinai zwischen den hohen, kahlen, vielfarbigen Bergen.

Ich frage meine Begleiterin aus: »Wie ist das, hast Du Nachteile?« und meine damit die christliche Frau, die einen Juden geheiratet hat. »Was meinst Du mit Nachteilen? Meinst Du Schwierigkeiten?« »Ja.« »Es ist so schwer zu sagen, weißt Du. Es dauert alles viel länger. Und so richtig werde ich doch nicht akzeptiert. Ich glaube, ich kann hier ein Leben lang wohnen, aber sie werden mich trotzdem immer als Fremde betrachten. Das ist eine Familie, weißt Du, eine einzige große Familie, und jetzt im Krieg erst recht. Sie können sich vielleicht oft gegenseitig nicht ausstehen, aber sie sind eben eine Familie, eine die eng zusammenrückt, wenn draußen der Wind heult.«

Sie hatte sich inzwischen daran gewöhnt oder gab es wenigstens vor, und später, als ihr Mann einberufen wurde, erzählte sie es niemandem im Haus, bis man es merkte, und dann auf einmal nahm man sie in die Familie auf, denn er hielt ja nun seinen Kopf für sie alle hin und kam für vier Stunden nach Hause, schmutzig und müde wie ihre eigenen Männer und Söhne, badete und aß und fuhr wieder fort mit seiner Maschinenpistole im Arm.

Es ist alles sehr einfach in Israel, wenn man die Regeln weiß: Es ist die offenste und freieste Gesellschaft, die ich kenne, aber sie hat ihre unsichtbaren Gesetze, die aus Stahlseilen geflochten sind. Wenn man im Dunkeln über eines fällt, bricht man sich das Genick.

Meine südamerikanischen Freunde leben also jetzt in Israel. Sie halten ohne zu zögern ihren Kopf für dieses Land hin, zahlen Steuern, arbeiten. Sie lieben dieses Land wie kein anderes. Aber eines Tages steigen sie vielleicht in Lod in eine El-Al-Maschine und kommen nicht wieder und leben dann in San Francisco oder Zürich und haben große Sehnsucht nach Jerusalem oder Aschkelon oder sogar Tel Aviv. Vielleicht liegen sie dann nachts im Bett und haben Heimweh.

12. Kapitel
Nirgendwo

Eines Tages hörte der Krieg auf. Äußerlich veränderte sich in den ersten Wochen dadurch fast nichts. Es hatte ja auch während des Krieges alles gegeben: Essen, Benzin, Kleider, Taxis, man konnte überall hinfahren und bis auf eines waren alle großen Hotels offen. Die Verdunklung, die Panzer und Soldaten auf den Straßen waren der einzig sichtbare Beweis dafür gewesen, daß sich Israel in einem Kampf auf Leben und Tod befand.

Als der Produzent des Moses-Films wieder aus Rom anrief und wissen wollte, was nun wäre, ob es möglich sei, Moses jetzt in Israel zu Ende zu drehen und ob man ungehindert in Jericho, Eilat und Sharm el Sheik, in Aschkelon und am Toten Meer arbeiten könne, antwortete ich: Kommt nur wieder. Wir nannten das dann später die Wiederauferstehung des Moses, und wie alle Wiederauferstehungen nahm sie einige Zeit in Anspruch. Die Israelis waren daran interessiert, daß der Film in Israel zu Ende gedreht wurde. Er brachte Devisen ins Land. Außerdem signalisierte die Fortsetzung der Dreharbeiten an einem Film mit internationaler Besetzung, daß in Israel wieder normale Zustände herrschten. Auch das israelische Filmzentrum versprach sich Anregungen von den Filmarbeiten. Deshalb war ich in den nächsten Tagen mehr mit diesem Film beschäftigt, als ich es mir je hätte träumen lassen.

Beinahe alle meine Freunde hatten Söhne, Männer oder Geschwister an den Fronten. Als ich sie jetzt der Reihe nach anrief oder besuchte, waren sie in diesen ersten Tagen vor Freude und Erleichterung fast außer sich. »Jetzt können wir endlich wieder schlafen«, sagten sie, und man sah ihnen das an. »Dieser Krieg war der schlimmste«, meinten die, die die anderen davor erlebt hatten. »Warum?« fragte ich. »Er war der unheimlichste«, sagten manche und meinten: Er war der gefährlichste.

Jeder hatte es nun gesehen: Israel konnte keinen Krieg mehr gegen die Araber *gewinnen.* Das war ein ungeheurer Schock für alle, eine Tatsache, die nicht im Märchen stand, die man im großen schönen und von uns allen geliebten Märchen vom sicheren Hafen Israel nicht unterbringen konnte – ja es war die Zerstörung des Märchens selbst. Israels Freunde distanzierten sich von ihm: Europa, Japan, die afrikanischen Staaten, einer nach dem anderen. Ich saß in Jerusalem und aß mit einer israelischen Familie Abendbrot. Wie immer hörten wir Nachrichten. Diesmal wurde gemeldet, daß nun auch Äthiopien die diplomatischen Beziehungen zu Israel abgebrochen hatte. Meine Freunde weinten fast. Diesem Land war Israel verbunden wie keinem anderen in Afrika, und es traf die Israelis wie ein ganz persönlicher Schmerz, daß sich nun jemand von ihnen abwandte, mit dem sie sich nicht nur seit gestern, sondern seit Jahrtausenden verbunden fühlten. Mein Gastgeber hatte wissenschaftliche Untersuchungen in Äthiopien durchgeführt, er kannte das Land von einem Ende zum anderen und wußte von dem großen potentiellen Reichtum, der dort darauf wartet, genutzt zu werden. Die vulkanische Erde ist fruchtbar, und die Berge stecken voll der wertvollsten Mineralien. Israel hatte seine Hilfe angeboten.

Meine Freunde, beide Wissenschaftler, waren nach 1933 aus Deutschland nach Israel geflohen, sie lebten nun schon fast vierzig Jahre lang in Jerusalem. Sie sprechen arabisch so gut wie hebräisch, hatten von Anfang an so viele arabische Freunde wie jüdische, und sie sind nun schon seit vielen Jahren der Überzeugung, daß nur eine vollkommene Integration Israels in das Schicksal und die Zukunft des Nahen Ostens und vor allem Afrikas den ersehnten Frieden bringen könne. Ihr Sohn, auch er spricht fließend arabisch, nahm als Offizier einer Spezialeinheit am Übergang der israelischen Truppen über den Suezkanal nach Ägypten teil, obwohl er als überzeugter Pazifist galt. Als ich ihn später auf einem kurzen Urlaub traf, hatte er das Gesicht, die Bewegungen und die Stimme eines Kindes, die Spannung, in der er lebte, drohte ihn zu zerreißen.

Wie so viele junge israelische Soldaten, mit denen ich in diesen Wochen sprach, liebte er dieses Land, aber er wollte auch seine eigene, persönliche Unschuld bewahren. Er war bereit, Israel mit seinem Leben zu verteidigen, aber er wollte niemanden töten. »Wie die Kinder sind die Juden, wie die Kinder...«, sagte mein Großvater manchmal, und er mußte es wissen, denn er war mit einer Jüdin verheiratet. Ist nicht Shylock auch ein Kind? Sind seine Gedanken nicht die Gedanken eines verzweifelten Kindes?

Kaum eine andere Religion betont so sehr wie die jüdische den Gedanken der Reinheit, also auch der Unschuld. Wo es einen Erlöser noch nicht gegeben hat, kommt dieser Forderung eine überragende Bedeutung zu. Jene jungen Männer, die nie dem Schrecken der europäischen Pogrome und Massaker ausgesetzt waren und auch noch nie für Israel gekämpft hatten, träumten nicht selten Träume anderer Art als ihre Eltern. Sie wandten nicht selten Europa den Rücken zu und blickten nach Osten und Süden.

Es war mir schon früher aufgefallen, mit welchem Nachdruck die Israelis nach der Überquerung des Suezkanals von Afrika sprachen, wenn sie von dem Gebiet erzählten, das ihre Truppen jenseits des Kanals jetzt besetzt hatten. »Afrika?« fragte ich. Ja, sie freuten sich so, daß sie jetzt in Afrika waren. Ich habe nie ganz ergründen können, warum sie das so freute. Dann fragte ich sie: »Und wo sind wir, wenn das Afrika ist?« Sie überlegten lange. Am liebsten hätten sie einfach »in Israel« gesagt, so als sei das ein anderer Stern oder doch wenigstens ein Erdteil ganz für sich. »*Ich nehme an,* in Asien«, war dann nicht selten ihre Antwort.

Die Juden sind ein altes orientalisches Volk: Die Araber sind ihre Brüder – und je mehr sie sich von dieser Wahrheit entfernten, desto mehr mußte sich der Abstand zu allen anderen Wahrheiten vergrößern. Der Islam ist ein Kind des jüdischen Glaubens und stimmt in vielen seiner Lehren mit diesem überein: Im Koran sind die Juden verlorene, vom rechten Weg abgekommene Brüder. Mohammed vergab ihnen nie, daß sie ihn nicht als den anerkannten, der er zu sein glaubte: der letzte und endgültige Prophet des einen einzigen Gottes. Aber erst eine Bemerkung Mohammeds auf dem Totenbett, daß in Arabien nicht zwei Religionen nebeneinander bestehen dürften, bewegen seine Nachfolger dazu, die Juden und die Christen zu vertreiben.

Man hat mich inzwischen oft gefragt, welches Verhältnis *die* Juden *wirklich* zu den Arabern hätten: Aber es gibt gar keine solche gemeinsame Einstellung. Ich fand, daß beinahe jeder Israeli seine eigenen Gedanken und Gefühle gegenüber den Arabern hatte, geprägt von Erinnerungen, Wissen, Hörensagen, von Angst oder Hoffnung, nicht selten aber auch von erschrekkender Ignoranz. Viele Israelis haben — oft schon durch persönliche Erfahrungen in der Kindheit — so ausgeprägte Vorurteile gegenüber den Arabern, daß man mit ihnen kaum über dieses Thema sprechen kann. Es war müßig, sich mit ihnen überhaupt darüber zu unterhalten. Früher oder später wurden sie von ihren Gefühlen so übermannt, daß es ihnen gänzlich unmöglich war, sich auch nur für einen Augenblick in die Lage eines Arabers zu versetzen. Eine solche Abwehr aller rationalen Argumente habe ich sonst nur noch bei den Arabern und den Iren erlebt, sowohl bei den Katholiken als auch bei den Protestanten. Ich brauchte mich deshalb nur an Irland zu erinnern, um die Verzweiflung eines jungen Offiziers zu verstehen, der Israel liebte und in den Arabern seine Brüder sah, in dessen Land aber die Lösung der arabischen Frage von der Verwirklichung eines Märchens abhängig gemacht wurde. In den israelisch-arabischen Beziehungen ist die Angst das vorherrschende Element: Je schöner und faszinierender der Traum, desto größer ist die Angst vor dem Erwachen. Wer weiß das nicht aus seiner Kindheit? In seinem Tagebuch des Sinaifeldzuges beschreibt Mosche Dajan unbewußt die Faszination des Traumes und die Angst vor dem Aufwachen.

Ein junger Israeli, bei dem ich keine Spur jener uralten Traurigkeit wiederfand, an der man die Juden in der ganzen Welt erkennt, meinte: »Ach, wenn sich nur nicht immer andere einmischen würden, wir könnten allein mit den Arabern kämpfen wie die Nomaden um die Weideplätze, und wer gewinnt, gewinnt eben, und dann ist es ein für allemal ausgestanden, hier, auf der Erde, um die es geht und die keinen sonst was angeht.« Achtzehn war er, aschblond, Panzerkommandant. Er hatte seit dem ersten Tag des Krieges in seinem Panzer gelebt, Tag und

Nacht, darin gekämpft und darin geschlafen. Er war, ohne es zu wissen, der Zwillingsbruder vieler junger Araber, die ich später getroffen habe.

Die aus dem Jemen und Marokko stammenden israelischen Zimmermädchen haßten die Araber und waren entsetzt, als ich ihnen sagte, ich ginge am liebsten in dem arabischen Suk von Jerusalem einkaufen. Sie haßten die Araber wegen ihrer die Frauen unterdrückenden Gesetze, aber sie mokierten sich auch über die angebliche Faulheit und den Schmutz. Ähnliches habe ich sonst nur noch von Deutschen über Polen oder von Engländern über Iren oder von Mailändern über Sizilianer gehört. Solche Vorurteile sind wie Stürme: Versuche doch einer gegen den Wind anzuschreien.

Ich begann nun die Journalisten zu bewundern, weil sie es verstanden, alles auf so einleuchtende einfache Formeln zu bringen, und das, obwohl manche von ihnen gerade erst vierzehn Tage im Lande waren. Sie hatten natürlich keine Zeit, den Koran oder das Alte Testament zu lesen, sich mit Tagebüchern und Lebensgeschichten oder der Geographie Israels zu beschäftigen, aus der man, wie nicht selten aus Telefonbüchern, vieles lernen kann. Ihr Interesse galt vor allem den *wichtigen* Personen oder sie bemühten sich, zur richtigen Stunde an bedeutsamen Orten zu sein, etwa bei Golda Meir, Kissinger oder vor dem Zelt am Kilometerstein 101. Die wenigsten sprachen mit den einfachen Leuten, die doch von den Ereignissen nicht weniger betroffen waren als jene, denen ihr Interesse galt.

Ich las in diesen seltsamen Tagen zwischen Krieg und Frieden auch viel in alten Zeitungen und vergessenen Büchern. Manche stammten noch aus der Zeit der Türkenherrschaft, und mitunter erfuhr ich Dinge, die mir den augenblicklichen Zustand in Israel einleuchtender erklärten als jeder neue Kommentar. Aber während vielen Berichterstattern, Sonderberichterstattern und Kommentatoren die Thesen mühelos in die Schreibmaschinen und Mikrophone glitten, geriet mir nicht eine einzige. Ich hatte zwar nicht nur mit Küchenjungen, sondern auch mit Politikern gesprochen, aber doch mehr, um herauszufinden, wie ihnen wirklich zumute war, als um zu erfahren, was sie planten.

Ich schloß Freundschaft mit zwei Barmixern. Victor stammte

aus Marokko, sein Sohn hatte zuerst an der syrischen und dann an der ägyptischen Front gekämpft. Hassans Familie war 1967 nach Amman geflohen. Mit Victor unterhielt ich mich über Bibel und Talmud, mit Hassan über den Koran. Aber ich erfuhr auch vieles über die Realität des täglichen Lebens in Israel, was mir sonst verborgen geblieben wäre, über Steuern und Gesetze, Verbote und Privilegien, über Hauskauf und Erbschaft, Heiraten, Kinderkriegen und Sterben. Das schien, gemessen an den Fragen der großen Weltpolitik, in die Israel nun wieder hineingeraten war, eine reine Zeitverschwendung. Und doch befriedigten mich diese Unterhaltungen mehr als alles, was ich in den Zeitungen las oder von den Politikern hörte. Ich hatte auch den Eindruck, daß ich mich dabei ganz langsam der Antwort auf eine Frage näherte, die sich mir dauernd aufdrängte: ob und auf welche Weise ein tägliches Zusammenleben, Zusammenarbeiten und Zusammenregieren zwischen Israelis und Arabern möglich ist.

Kaum irgendwo anders in der Welt ist heute das Leben noch so vielschichtig, so voller Zeichen und Hinweise, so komisch und so tragisch und so schön wie in diesem winzigen Land zwischen Mittelmeer und dem tiefsten Tal der Erde, um das sich drei Millionen mit hundert Millionen Menschen einen so tödlichen Kampf lieferten, von dem die ganze Welt betroffen wird.

Eines Tages spazierte ich mit Hanna Katzenstein durch Jerusalem. Sie war Mathematikerin und Archäologin. Als pensionierte Beamtin des Department of Antiquities im Staate Israel kannte sie in der Altstadt von Jerusalem und vor allem im Suk nahezu jeder. Sie wußte natürlich auch, wo man preiswert einkaufen konnte. Die große Tüte Safranblüten, die weiße Lammfellmütze: Alles kostete jetzt nur noch die Hälfte. Nie wieder habe ich so billig in Jerusalem eingekauft wie an diesem Oktobertag.

Wir gingen auf der Straße der Karawanen, Pilger und Soldaten durch das Tor der Stadtmauer und dann neben zwei Eseln, die in ihren Packtaschen große Steine in die Stadt trugen, an der Stadtmauer entlang. Frau Katzenstein, zwanzig Jahre älter als ich, lief leichtfüßig voran, während sie von den Toren und Türmen und Stadtvierteln, von Kriegen, Belagerungen und

Bränden erzählte, zu den Anlagen für die Wasserversorgung der Stadt abschweifte und schließlich auf die Zerstörung der alten Synagogen durch die Araber zu sprechen kam. Ein trauriges Kapitel aus der an traurigen Kapiteln nicht eben armen Stadt Jerusalem. Die beiden Esel mit den Steinen verschwanden im armenischen Viertel durch ein Tor.

In einer engen Gasse stand vor einem alten Palast ein großer schwarzer amerikanischer Wagen älterer Bauart. Sein Kühler trug links und rechts die Standarten eines Kirchenfürsten. Nirgendwo in der Welt manifestiert sich die Zersplitterung der christlichen Kirchen so deutlich wie in der Stadt, in der das Christentum seinen Anfang nahm, nirgendwo war mir so unchristlich zumute wie hier. Damals wußte ich noch nicht, daß der Vatikan die ohnehin schon nicht miteinander zu vereinbarenden Ansprüche auf diese Stadt noch um seinen eigenen erweitern würde. Der gleiche Vatikan, der in den vierziger Jahren dieses Jahrhunderts zugesehen hatte, wie die Juden Roms vor seinen Fenstern deportiert und in die Gaskammern gebracht wurden.

Wir liefen an den unzähligen Zeugnissen der Religionen und Sekten vorüber und kamen zu den Werkstätten der Täschner und Kürschner, den Bäckereien und Metzgereien, bummelten durch die Viertel der Araber, der Juden, Christen und Armenier und kamen schließlich zur westlichen Mauer des Tempelplatzes, der Klagemauer, dem größten Heiligtum der jüdischen Religion. Sie ist durch einen Zaun fein säuberlich in zwei Teile getrennt, links klagen und beten die Männer und rechts davon die Frauen; ihnen ist ein kleineres Stück Mauer zugeteilt. Der große Platz war fast leer, und meine Begleiterin erzählte mir, sie habe in den vierzig Jahren, seit denen sie in Jerusalem lebe, die Altstadt nie so ohne alle Fremden gesehen. Selbst in der Grabeskirche und in den beiden großen Moscheen waren wir die einzigen Besucher. Wir freuten uns trotz der traurigen Ursache beide über diesen ungewöhnlichen Umstand.

»Seit ich an einem Winternachmittag mit einem Maler durch Dresden gegangen bin, habe ich keine Stadt wieder so gründlich angesehen«, ging es mir durch den Kopf, während wir spätnachmittags die steilen, wie aus Fels gehauenen Stufen zum

Turm der Zitadelle hinaufstiegen. Gleich danach war Dresden verbrannt. Man darf also nicht an die Unzerstörbarkeit der Städte glauben, auch dieser nicht.

Welcher Haß ist es im Menschen, der ihn solche Städte verbrennen und zerstören läßt? Oder ist es nur Gewohnheit? Tausende von Städten wurden in der ganzen Welt zerstört, früher brauchte das sogar noch seine Zeit. Heute geht es in Sekunden: Ein einziger Mensch kann Jerusalem in Sekunden zerstören, und sicher genügen drei, oder höchstens fünf, um Israel und seine Bevölkerung auszuradieren.

Als wir auf dem Dach der Zitadelle ankamen, lag die Stadt ausgebreitet zu unseren Füßen, dahinter ringsum die Berge, Häuser wachsen wie Pilze nach dem Regen auf den Hügeln, auch das gehört zu dem Versuch, das Märchen zu verwirklichen. Jerusalem muß voll von Menschen werden, ringsum, schnell, heute noch, damit die Welt weiß, daß Jerusalem eine Stadt Israels ist, nicht irgendeine. So wächst Jerusalem in Windeseile und nach allen Richtungen – auch in den Himmel, denn die Häuser werden immer höher und durchschneiden brutal die sanften Linien der dahinterliegenden Hügel. Vielleicht kann man auch so eine Stadt zerstören: indem man sie erdrückt?

Wir lehnten uns an die von der Sonne gewärmte Mauer und blickten auf Jerusalem herab, vor uns liegt die Windmühle des Sir Samuel Montefiori. Sie ist in ihrer Bauweise an die Tradition der Stadt angepaßt. Und während mir Hanna Katzenstein die Geschichte von Sultan Suleiman dem Prächtigen erzählt, der 1538 die große neue Stadtmauer bauen ließ, hatte ich plötzlich mit offenen, auf die Windmühle gerichteten Augen einen Traum: Ich sah Don Quichotte und Sancho Pansa in die große Kutsche des Herrn Montefiori steigen, die nun nicht mehr im Museum neben der Windmühle, sondern, mit Pferden bespannt, neben der Windmühle stand. Die Flügel der Windmühle waren mit weißem Tuch bespannt und drehten sich. Die Pferde zogen an: Don Quichotte und Sancho Pansa begannen eine weite Reise durch die Dummheit dieser Welt. Kaum war die Kutsche verschwunden, hörten die Flügel der Windmühle auf, sich zu drehen: Sie hatten sich nur für die beiden bewegt. Ich beugte mich über die Mauer und versuchte, zum Toten Meer hinunterzusehen – was natürlich in Wirklichkeit nicht möglich ist –, dort sah ich die Kutsche, wie sie zwischen den Bergen Israels und den Bergen Jordaniens am Ufer des Toten Meeres entlangfuhr, nirgendwohin oder irgendwohin.

»Hier in Israel müßte man einen Film über Don Quichotte drehen«, sagte ich zu meiner Begleiterin. »Ich meine nicht den von Cervantes, sondern über einen seiner Nachkommen, einen, der jetzt erst geboren wird und in der Zukunft lebt.«

Dann erzählte ich ihr von der Idee einer Freundin, einen Film über die Wiedergeburt von Don Quichotte und Sancho Pansa zu drehen. Die beiden sollten als Frauen wiedergeboren werden. Wir hatten schon im Sommer in Rom jeden Tag neue Szenen erfunden. Jetzt also hatte ich Don Quichotte und Sancho Pansa vor der Windmühle gesehen, und in der Stadt der Gesichte und Prophezeiungen, die noch immer in den heiligen Büchern als Mittelpunkt der Welt gilt, mußte das sicher von Bedeutung sein. Wir kamen jedenfalls auf dem Dach der Zitadelle von Jerusalem zu der Überzeugung, daß es eine gute Idee sei, einen Film über Don Quichotte und Sancho Pansa im Gelobten Land zu drehen. Doch zunächst hatten wir Hunger. Einige Schritte von uns entfernt lag ein ganz neues israelisches Restaurant und, wie Frau Katzenstein entdeckte, gehörte es dem Sohne eines Mannes, in dessen Restaurant sie schon die besten Erfahrungen gemacht hatte. Wir beschlossen, hier, angesichts der Stadt und Montefioris Windmühle, zu essen.

13. Kapitel
Die Wiederauferstehung des Moses

Zu den Genüssen des israelischen Frühstücks kam an jedem Morgen, außer Samstag, die Lektüre der *Jerusalem Post,* einer Zeitung, die auf der Welt ihresgleichen nicht hat. Die *Jerusalem Post* ist nicht nur eine Zeitung Israels, sondern eine Institution des Nahen Ostens, und sie wird von ihren Anhängern in der ganzen Welt gelesen, vor allem aber von denen, die des Hebräischen nicht mächtig sind und trotzdem wissen möchten, was sich in Israel tut. In der *Jerusalem Post* stand an einem dieser Tage, daß der Jom-Kippur-Krieg mehr Geld pro Minute gekostet hat als jeder Krieg zuvor. Israel war, wenn man es bei einem Staat so vulgär ausdrücken darf, pleite.

Eines Tages rief mich ein Beamter an, mit dem ich befreundet war, und bat mich, den Produzenten des Moses-Films dazu zu bewegen, den Film in Israel zu Ende zu drehen. Da die Filmproduktion in Spanien nicht die Bedingungen für die Dreharbeiten vorgefunden hatte, die man sich erhofft hatte, standen die Chancen dafür nicht schlecht.

Jeder tat jetzt alles, um dem Produzenten seinen Entschluß zu erleichtern. Die israelischen Schauspieler, Techniker, Fahrer wurden von der israelischen Armee für den Film freigestellt. Außerdem versicherte man, daß der Mitarbeit einiger hundert Beduinen samt Kamelen, Ziegen und Schafen und den Dreharbeiten in militärischen Sperrbezirken nichts im Wege stünde. Die erforderlichen Genehmigungen wurden sofort ausgestellt. Schließlich traf der Produzent ein.

Wir umlagerten den armen Mann von früh bis spät. Die Wagen mit der italienischen Flagge auf dem Kühler und den römischen Kennzeichen wurden schließlich aus dem Lagerhaus geholt und standen weithin sichtbar vor dem Grand Beach Hotel. In der *Jerusalem Post* lasen wir an einem Tag, der Krieg könne jeden Augenblick wieder ausbrechen und am nächsten, der Frieden sei nun wohl gesichert.

Der Produzent begann erneut zu schwanken. Ich sagte ihm, der authentische Hintergrund sei die wichtigste Voraussetzung eines Filmes über das Leben Moses. Aber wir wußten natürlich beide, daß *Ben Hur* und *Cleopatra* in Italien gedreht worden waren, und trotz allem guten Willen mußte vielleicht auch für Moses der Tiber wieder für den Nil herhalten: Die israelischen Behörden konnten uns den Nil ohnehin nicht versprechen.

Eines Abends war der Produzent in einer depressiven Stimmung. Um die Rückkehr des Moses-Films schien es schlecht bestellt. Victor brachte mir die vierte Bloody Mary. Meine Augen wanderten zwischen den bizarren weißen Streifen hin und her, die seit dem Krieg an den großen Glaswänden der Empfangshalle klebten. Und dann kam die Erleuchtung. Ich wendete mich dem Produzenten zu.

»Wenn das so ist«, sagte ich, »dann würde ich sehr gern die Wagen, die Zelte und das Material der Produktion kaufen. Wir haben uns entschlossen, hier einen Film zu drehen und könnten diese Dinge gebrauchen. Finanziell ist es sicher für Sie die beste Lösung, denn die Lagerung und der Rücktransport kosten Sie ja ein Vermögen.«

»Sie wollen einen Film drehen? Hier in Israel?«

Der Produzent sah mich an.

»Ja, jetzt. Eine so gute Gelegenheit bietet sich nie wieder.«

Ich erklärte ihm ausführlich alles, was mir tags zuvor mein Freund vom Ministerium erklärt hatte, der mich immer wieder davon überzeugen wollte, daß es zur Zeit in der ganzen Welt kein besseres Land gäbe, in dem man einen Film drehen könne, als Israel. Aber wenn mein Freund »Moses« gesagt hatte, so sagte ich jetzt »Quichotta«, und »unser Film«.

Nach der fünften Bloody Mary begann ich meinen eigenen Worten zuzuhören und nach der sechsten fing ich an, sie zu glauben. Quichotta, die weibliche Wiedergeburt des Don Quichotte, die nach dem Willen ihrer schwedischen Erfinderin ursprünglich von Pansa in einem Schlitten über das Eis Skandinaviens geschoben werden sollte, ritt jetzt plötzlich auf einem weißen Kamel durch die Wüste Sinai und schwamm zwischen den Korallenriffen des Golfes von Akaba umher, und die Windmühle stand in Jerusalem. Immer mehr Menschen setzten sich an unseren Tisch und hörten zu. Auch der bärtige Däne diskutierte mit. *Quichotta* war geboren, und ich mußte mich fortan um sie kümmern, wie um ein Kind. Als Tochter des Moses saß sie nun in Israel und wuchs jeden Tag einige Millimeter, ob ich etwas tat oder nicht.

Am nächsten Morgen fragte ich den Produzenten, wann er Zeit habe, um mit mir über die Preise für die Wagen und Zelte zu verhandeln. Da sagte er mir: »Ich habe gerade mit Rom telefoniert, wir drehen *Moses* in Israel zu Ende.«

Im Hotel hatte es sich sehr schnell herumgesprochen, daß ich in Israel einen Film drehen wollte. In Europa hätte man mich wahrscheinlich für verrückt erklärt, aber hier traute man jedem alles zu, denn in Israel lernt man schon in der Schule, *wenn man nur will, werden Märchen wahr.* Das Filmzentrum lud mich noch am gleichen Tag ein, um das Projekt im einzelnen zu besprechen.

Israel lebte in diesen Tagen nach dem Krieg im Zustand eines schweren Schocks. Die Verluste an Menschenleben und Material wurden jetzt bekanntgegeben, die Schulden abgeschätzt, in die dieser Krieg das kleine Land gestürzt hatte — und sie stellten sich als geradezu katastrophal heraus. Die Militärexperten konstatierten nüchtern, daß sich Israel in Zukunft ohne eine *aktive* Hilfe Amerikas nicht mehr gegen die vereinten arabischen Staaten verteidigen lassen würde. Die Verzweiflung in Israel war groß und wusch sogar die Erleichterung über das Ende des Schießens aus den Gesichtern. Vielen Israelis konnte man ansehen, daß sie ihre täglichen Aufgaben nur noch mechanisch verrichteten. »Die Seele ist aus dem Leben weg«, sagte eine Frau, bei der ich Postkarten kaufte.

»Das Öl hat gewonnen«, meinte der Produzent aus Italien.

Hatte das Öl gewonnen?

Die Journalisten begannen abzureisen, die Kamerateams der Fernsehanstalten packten Stative und Lampen ein. Das Spiel war zu Ende, von hier gab es jetzt nicht mehr viel zu berichten. Aus den vielen Filmrollen wurde ein großer Dokumentarbericht zusammengeschnitten: Jom-Kippur-Krieg 1973. Im

Morgengrauen, in der Abenddämmerung schossen die Panzer in der Wüste aufeinander, die Männer stürmten vorwärts, fielen, waren tot. Diejenigen, die flohen, trafen die Geschosse aus den Kampfhubschraubern.

In den Zeitungen stand jetzt, eine der neuesten Raketen sowjetischer Bauart habe sich bereits auf dem Flug nach Tel Aviv befunden, sei aber wegen technischer Mängel nicht angekommen. War das wahr?

Jeder in Israel wußte inzwischen, daß die Ägypter und Syrer Raketen besaßen, mit denen sie Jerusalem oder Tel Aviv treffen konnten, wußte, was der Krieg gekostet hatte und wie viele von den jungen Soldaten tot waren, die wir so oft in unseren Autos mitgenommen hatten. Immer mehr junge Israelis traf ich, die lachten, anstatt zu weinen, aber dieses Lachen war viel schlimmer als das Weinen der anderen. Viele tranken, die nie getrunken hatten. Manche fingen zum erstenmal an, Hasch zu rauchen, schluckten LSD. In den Zeitungen las man, die Arbeitsmoral in den Fabriken sei noch nie so schlecht gewesen wie jetzt. In den Zeitungen wurden nun auch die endlosen Zänkereien zwischen Generälen und Ministern ausgetragen, und ein trauriger Scherz machte die Runde: »Wer hätte die Syrer davon abhalten können, in Tel Aviv einzumarschieren?« Antwort: »Die Ägypter.«

Meine Freunde versuchte ich mit der komischen Geschichte von der Geburt der *Quichotta* aufzuheitern. Pläne, Briefe und Dokumente bewiesen inzwischen, daß sie kein Märchen mehr war, sondern ein *Unternehmen.*

Das erste, was wir für die *Quichotta* benötigten, war nicht ein Script, sondern ein Budget. Ich befragte also die Männer des Moses-Films, die davon etwas verstanden, was denn in so einem Budget alles enthalten sein müsse. Sie versicherten mir, daß es ziemlich gleichgültig sei, was man hineinschreibe, stimmen würde es hinterher doch nie.

Abends ging ich oft in ein kleines Fischrestaurant am alten Hafen von Tel Aviv und rechnete und schrieb dort weiter. Einmal traf nach mir eine Familie ein, Vater, Mutter und Sohn. Der etwa neunzehnjährige Junge war für einige Stunden von der Front nach Hause gekommen. Etwas später kam ein befreundetes Ehepaar dazu. Man feierte den Urlaub des Sohnes. Die Männer mochten Ärzte sein oder Rechtsanwälte, sie waren ungefähr fünfzig Jahre alt, und alle sprachen hebräisch. Viele Male habe ich so die Eltern mit ihren Söhnen und den Freunden essen sehen, in den Restaurants oder zu Hause. Die Söhne waren sehr höflich, sehr besorgt um die Eltern und sagten kaum etwas. Die Eltern und die Freunde der Eltern versuchten, dem Soldaten am Tisch etwas mitzuteilen: Es schien ihnen nie zu gelingen. Einmal sah ich, wie der Freund des Vaters dem Jungen scheu und verstohlen auf die Schulter klopfte, und der Junge lächelte einen Sekundenbruchteil lang: Das machte den Mann glücklich. Die Väter traten bei solchen Gelegenheiten in den Hintergrund: Ihre Frauen sahen sie gar nicht mehr. Sie hatten nur noch Blicke für die Söhne, nur die Söhne schien es für sie noch zu geben und sonst nichts auf der Welt. Ich konnte mir vorstellen, wie sie zu Hause die Türen leise schlossen und flüsterten, wenn die Söhne schliefen, die jetzt wieder zu ihren Kindern geworden waren, nicht zwanzig, sondern zehn Jahre alt in ihrem Unterbewußtsein. Die Väter lebten daneben und zahlten die Rechnung in den Restaurants.

Die Söhne trugen alle die gleiche dunkelolivgrüne Uniform. Falls einer seinen Kopf überhaupt bedeckte, tat er das mit dem, was er gerade zur Hand hatte, irgendeiner Wollmütze, blau oder schwarz oder braun. Nicht wenige trugen Bärte und lange Haare: Eines Tages schienen sie dann alle abgeschnitten zu sein, und jemand vermutete, das sei wegen der Gasmasken.

Mein Vater hatte einen sehr guten Freund und Regimentskameraden, Liepschütz hieß er, glaube ich. Ihm verlieh man im Ersten Weltkrieg das Ritterkreuz zum St.-Heinrichs-Orden, das sächsische Gegenstück zum *pour le mérit.* Der Gedanke, Juden seien schlechte Soldaten, war mir also nie gekommen. Aber die Eltern dieser jungen Soldaten waren unter dem Trauma aufgewachsen, man würde einen Juden als Soldaten nicht für voll nehmen. So hatte sich in ihrer Jugend unter ihnen ein Kult der Härte und der traditionellen soldatischen Tugenden entwickelt, dem nur eins entgegenstand: die ebenso traditionelle jüdische Hochachtung vor dem Leben.

Viele der jungen Männer, die nun die Panzer und Flugzeuge

lenkten, waren in großen Zeltlagern aufgewachsen, die man an den Stränden aufgeschlagen hatte, an denen jetzt die großen Hotels von Tel Aviv stehen. Von einer sonnigen, ungetrübten Jugend konnte wohl bei keinem die Rede sein. Nur zwischen 1967 und 1973 war ihnen sechs Jahre lang eine kurze Pause gegönnt worden. Jahre, die jetzt jedem in Israel vorkamen wie das Paradies. Die meisten Israelis freuten sich damals über die neuen, geraden, *vernünftigen* Grenzen. Sie hatten mit Mut und Intelligenz einen unglaublich schnellen Krieg geführt. Sie beteten nun wieder in Jerusalem an der Mauer. Was immer, zumindest an der Oberfläche, gut sein konnte, das war nun gut. Daß jetzt jeder vierte in Israel ein Araber war, versuchten sie zu verdrängen. Das aber gelang den jungen Israelis offensichtlich viel schlechter als den alten. Überhaupt lebten sich vielleicht gerade in jenen sechs glücklichen Jahren die Generationen auseinander wie nie zuvor. Die jungen Israelis begannen das schwere Joch des moralischen Leistungsdrucks abzuschütteln, das ihnen vorgab, man könne nur ein guter, tapferer, patriotischer Israeli sein oder gar keiner, das ihnen suggerierte, alles an ihrer Geschichte sei heroisch und richtig, und ihnen jede Kritik an den Gründern ihres Staates als unzulässig untersagte, auch als diese, inzwischen alt und unflexibel geworden, noch immer das Land nach Vorstellungen regierten, für die es keine Grundlagen mehr gab.

Das ging mir durch den Kopf, als ich jenen israelischen Familien zusah, die nun ihre Kinder für ein paar Stunden wiederhatten, aneinander vorbeiredeten oder schwiegen und die nur in Gesten das ausdrücken konnten, was sie fühlten.

Die Söhne wollten sagen: Laßt uns doch endlich sein wie die anderen!

Die Eltern wollten sagen: Wißt ihr denn immer noch nicht, daß wir nicht sind wie die anderen?

Aber damals hatte noch niemand den Mut, diese Gegensätze offen auszutragen. Ihr eigenes Leid ist ihnen so unermeßlich groß, daß es alles andere Leiden ausschließt, daß dafür kein Platz mehr ist. Man schämt sich schließlich, über etwas zu lachen oder zu weinen, was nicht mit diesem Leid zusammenhängt. Alles muß an der Einmaligkeit und Ungeheuerlichkeit des jüdischen Schicksals und an der Beispiellosigkeit der neuen

Staatsgründung gemessen werden, einer Staatsgründung, die zu einer Zeit erfolgte, als eigentlich schon kein Platz mehr für sie war, als jeder Fußbreit Boden bereits vergeben schien.

So wurden mir nach dem Krieg meine Besuche bei Bekannten oft zum Alptraum. Aber *Quichotta* war ja nun geboren, und ich nahm sie mit. Was ich nicht aussprechen konnte, sagte ich hinterher *Quichotta* oder erzählte es *Pansa.* Von meinen Freunden erfand jeder etwas Neues, die Helden wurden entthront und die Lügen entlarvt. Ich wartete deshalb mit größter Ungeduld auf die Erfinderin der *Quichotta,* die ja noch gar keine Ahnung von dem hatte, was inzwischen alles passiert war.

Eines Tages sagte mir Josi vom Empfang: »Morgen kommen die Moses-Leute wieder.«

14. Kapitel
Der Mann im Kiosk

Es blieben uns nur noch zwei Tage in Tel Aviv, und ich hatte vor der Abreise viel zu erledigen. Meine Schreibmaschine war kaputt und von einer der Kameras der Transporthebel gebrochen. Auch nach einem Exemplar des *Don Quichotte* von Cervantes suchte ich und rief deshalb nacheinander alle Buchhandlungen Tel Avivs an. Endlich, bei Steimatzky, fand man *Don Quichotte* in einer englischen Ausgabe. Ob ich vorbeikommen könne?

Busfahren kostet so wenig in Israel, daß man dem Schaffner kaum Glauben schenkt, wenn er den Preis nennt. Die Straßen waren leer, die Männer noch immer an der Front, die Frauen arbeiteten jetzt fast alle, hüteten Kinder oder waren auch in der Armee. Viele Geschäfte wurden von den Eltern weitergeführt oder von einer sonst fast vergessenen Tante. In den Banken hatten nicht selten längst pensionierte Angestellte ihre alten Plätze eingenommen. Ich ging die Allenby Street zu Steimatzky's hinauf. Mit ihren hunderten von kleinen Lädchen, einer gewissen Schäbigkeit, den wenigen Restaurants, manchmal nur mit drei, vier kahlen Tischen, erinnert an das Tel Aviv der Gründerjahre. In den unzähligen kleinen Werkstätten wird vom Holzbein bis zur Schreibmaschine nahezu alles repariert.

Steimatzky ist eine sehr progressive Buchhandlung, deren Filialen inzwischen ganz Israel überziehen und die deshalb bei anderen Buchhändlern nicht sehr beliebt ist. Die anderen Buchhandlungen sind fast immer Familienbetriebe. In ihnen wird deutsch, russisch oder französisch häufiger gesprochen als hebräisch. Das Angebot in vielen, auch den kleinsten Buchhandlungen in der Allenby Street ist international und so reichhaltig, wie man es vielleicht in keiner anderen Stadt der Welt wiederfindet. Was wird aus ihnen werden, wenn eines Tages jene Israeli gestorben sind, die aus der ganzen Welt einwanderten und in anderen Sprachen aufwuchsen? Was wird aus ihnen, wenn Hebräisch die Muttersprache eines jeden Israeli ist? Was wird, wenn eines Tages diese ungeheure Vielfalt zu Ende geht?

Die Allenby Street ist keine schöne Straße, sie sieht immer etwas unaufgeräumt aus, und es fehlt überall an Platz, auf dem Gehsteig, in den Läden und Werkstätten. Natürlich darf man auch nirgendwo parken. Will man aber etwas über das Israel der fünfziger Jahre erfahren, dann erhält man hier viel leichter Antworten als anderswo.

Der Mann, der meine Schreibmaschine reparierte, kam aus Karlsbad und der, der meine Kamera reparierte aus Rumänien. Mittags aß ich bei einer Frau aus Minsk, die auf dem Umweg über Berlin und New York nach Israel gekommen war. Den *Don Quichotte* gab mir ein Mädchen, das in Paris geboren wurde, bezahlt habe ich ihn dann bei jemandem, der in London aufgewachsen ist. Zwischen allen diesen Läden und Werkstätten lagen höchstens zweihundert Meter.

Ich fragte den Mann aus Karlsbad, ob er seine Heimatstadt je wieder besucht habe. Er erzählte mir, daß er Israel seit seiner Ankunft im Jahre 1939 nicht mehr verlassen habe. Bald wurde mir klar, daß die wenigsten Israeli nach ihrer Ankunft das Land jemals wieder verlassen, Auslandsreisen sind für die meisten unerschwinglich.

Während sie die alte schwedische Schreibmaschine und die Dresdner Kamera reparierten, trank ich den angebotenen Kaffee. Untereinander sprachen sie Tschechisch oder Rumänisch. Sie betrieben die Werkstatt zusammen mit einem Vetter oder dem Sohn eines Freundes des Vaters, und jemand aus der gleichen kleinen Stadt führte die Bücher. Die Araber schienen, von hier aus gesehen, nicht im gleichen Land am anderen Ufer des Flusses zu leben, sondern auf einem anderen Planeten. Man selbst lebt in der Allenby Street nicht in Asien, sondern in Europa oder vielleicht noch Amerika, aber das jüdische Amerika ist ja auch ein Stück Europa. Man lebt hier in Karlsbad oder Minsk oder Berlin, obwohl man bis zu den letzten Ausläufern der Sinaiwüste notfalls zu Fuß laufen kann und mit dem Wagen in weniger als einer Stunde die ersten Zelte der Beduinen erreicht.

Ich sah den Männern bei der Arbeit zu. Sie reparierten die Geräte mit einem Minimum an Aufwand. Sie nahmen sie behutsam und sachkundig in die Hand, wie bei uns schon längst keiner mehr einen Gegenstand in die Hand nimmt. So machten jetzt nicht selten ihre Söhne und Brüder aus drei zerschossenen russischen Beutepanzern über Nacht einen neuen.

Wie schon die Taxifahrer in einer ganz und gar geschlossenen Welt zu leben schienen, so arbeiteten auch die Handwerker von Tel Aviv anscheinend auf einer Insel ganz für sich. Es gab nur ein Drinnen und Draußen, ein Hüben und Drüben, ein Ganz-Dazugehören oder Ganz-Fremdsein. Und die Araber konnten, jedenfalls bis jetzt, nur ganz und gar fremd sein, so fremd, daß man es nicht einmal mit Worten ausdrücken konnte.

Diese Menschen wollten am liebsten gar nichts von der Politik wissen. Die Kriege brachen über sie herein wie Sturmfluten. Sie lebten in Israel am weitesten entfernt von dem, was Israel heute ausmacht, werden bald vergessen sein und schließlich ganz aussterben. Sie wissen das selbst sehr gut und sie haben sich vielleicht gerade deshalb den Sinn für die Erkenntnis der Absurdität erhalten. Sie schienen sich jedenfalls noch immer leichter mit ihren Kindern verständigen zu können als die Ärzte, Rechtsanwälte oder Ministerialbeamten.

Der Kiosk, von dem ich mir, seit ich in Tel Aviv wohnte, die Zeitungen geholt hatte, war seit einiger Zeit geschlossen. Erst wunderte ich mich darüber, dann gewöhnte ich mich daran. Vielleicht war der Mann krank, vielleicht verreist. Am letzten Tag meines Aufenthaltes in Tel Aviv rannte plötzlich die Frau über die Straße auf mich zu, die während des Krieges gesagt hatte, daß man es doch endlich wissen solle, daß die Juden letzten Endes nichts anderes als kleine Würmer seien. Sie faßte mich am Arm.

»Sein Sohn ist gestorben. Sein einziger Sohn ist im Krieg gefallen. Tot ist er, schon am fünften Tag, aber man hat's ihm erst später gesagt. Er hat sonst gar niemanden, außer dem Sohn hat er niemanden gehabt. Seine Frau ist schon lange tot. Ganz allein hat er den Sohn aufgezogen, es war so ein schöner Junge, ein guter Junge, er hat studiert in Haifa. Jetzt sitzt der Vater im leeren Zimmer und redet mit niemandem und ißt auch nicht.«

Sie hielt noch immer meinen Arm fest und sah mich hilflos an. Dann ließ sie plötzlich meinen Arm los und ging einen Schritt zurück.

»Entschuldigen Sie.« Sie zögerte einen Augenblick, wußte nicht weiter, sagte dann: »Entschuldigen Sie vielmals . . . ich dachte mir nur, Sie würden es vielleicht gerne wissen wollen, warum der Kiosk zu ist, und Sie waren ja jeden Morgen hier während des Krieges. Deshalb dachte ich mir, Sie würden es vielleicht gerne wissen.«

Dann rannte sie dem Bus nach, winkte aber noch einmal kurz aus dem Fenster.

Im Hotel sammelte Josi Kassetten für einen der Kellner, der seinen Arm auf den Golanhöhen verloren hatte. Sie hatten ihm einen Kassettenspieler gekauft. Und Josi, der ihn im Lazarett besucht hatte, sagte: »Es geht ihm sehr gut, er ist ja so froh, daß er noch lebt.«

Noch am gleichen Abend verließ ich Europa und fuhr 56 km weit: in den Orient, nach Jerusalem, über dessen Dächer fünfmal am Tag der Wind die Stimmen trägt, mit denen die Gläubigen zum Gebet gerufen werden.

15. Kapitel
Jerusalem

Jetzt wohne ich zum erstenmal für längere Zeit in Jerusalem. Das American Colony Hotel ist das schönste Hotel in Ostjerusalem. Es war ursprünglich der Palast eines türkischen Paschas, dann kaufte es eine fromme amerikanische Familie, es wurde Pilgerzentrum und ist jetzt – immer noch im Besitz jener amerikanischen Familie – ein Hotel. Ich wohnte in dem Zimmer, in dem die vierte Frau des Paschas gelebt hatte. Alle, die im Hotel arbeiteten, waren Araber. In der Küche und im Restaurant wurden Moslems beschäftigt, im Empfang Christen: protestantische, katholische, orthodoxe und armenische.

Das Büro der Moses-Film-Produktion zog in das Sommerzimmer der zweiten Frau des Paschas ein, das direkt vom Innenhof zu erreichen war und mit einem riesigen alten Schlüssel auf- und zugesperrt wurde. Vor dem Zimmer schwammen Goldfische in einem Brunnen, bei Ausbruch der Morgendämmerung begannen die Vögel zu singen, tagsüber schwebten Schmetterlinge über den Blumen, ließen sich nieder und flogen wieder davon. Der Krieg und alle Sorgen schienen sehr weit weg.

Im Hotel waren noch die Spuren aus dem vorletzten Krieg erkennbar: Geschoßspuren und Schrapnelleinschüsse in den Türen und in den hölzernen Zimmerdecken zeugten von den Kämpfen um Jerusalem. Georg, der Chefportier, zeigte mir die Stelle, an der man einen toten syrischen Soldaten gefunden hatte. Am Hotel vorbei führt eine der großen alten Straßen Israels nach Norden. Bis 1967 stand das American Colony Hotel auf jordanischem Boden, und die Steuern wurden nach Amman abgeführt. Die Gäste waren vor allem reiche Araber, christliche Pilger, europäische und amerikanische Journalisten gewesen. Ab und zu mietete sich jemand für mehrere Monate ein, um hier ein Buch zu schreiben.

Als Jerusalem nach 1967 wiedervereint wurde, kamen weniger Araber aus Amman, dafür aber viele Israelis, die den Reiz und die Schönheit der Residenz eines ottomanischen Paschas zu schätzen wußten. Das American Colony Hotel war jetzt fast immer voll, und mehr als sechzig Prozent der Gäste waren Israelis, obwohl die Küche nach wie vor europäisch-arabisch geführt wird, also nicht koscher ist. Viele Universitätsprofessoren mit ihren Familien verbrachten hier ihre Sommerferien. In Krisenzeiten stiegen UNO-Offiziere, Funktionäre des Roten Kreuzes aus Genf und UNRRA-Beauftragte hier ab, mitunter kamen auch Diplomaten mit Sonderaufträgen und Priester, die in Jerusalem mit den Dependancen ihrer Kirchen Geschäfte abzuwickeln hatten. Wer nicht beachtet werden wollte, wurde von niemandem beachtet, und oft kamen oder gingen Leute, für die man sich anderswo mehr interessiert hätte.

Die Hauptdarsteller der Moses-Film-Produktion, der Regisseur und der Produzent wohnten wieder im King David Hotel. Burt Lancaster erschien jedoch fast jeden Abend mit seinem Fahrer, um im American Colony Hotel zu essen. Manchmal kam er direkt von den Dreharbeiten bei Jericho. Außer am Sabbat fuhren jetzt fast alle Italiener jeden Morgen um fünf zusammen mit den Israelis nach Jericho oder nach Ein Gedi am Toten Meer. Die Italiener lebten während der vielen Monate in Israel, von wenigen Ausnahmen abgesehen, wie auf einer Insel, Spaghetti wurden zum größten Problem. Nie sollte man dreiundvierzig Italiener ohne Pasta und ohne einen Pastakoch in ein fremdes Land mitnehmen.

In meiner orientalischen Suite bereitete ich nun jeden Tag die Produktion der *Quichotta* vor. Jetzt war endlich auch ihre Erfinderin wiedergekommen, aber als Schwester des Moses mußte sie die meisten Tage in Jericho oder am Toten Meer verbringen. Oft lief ich deshalb abends an der Stadtmauer entlang, zum King David Hotel, um Bericht zu erstatten. Dieser Spaziergang dauert nur zwanzig Minuten, aber danach war man in einer vollkommen anderen Welt.

Das King David Hotel gehört, wie das Dan Hotel in Tel Aviv, einer jüdischen Familie. Hier wohnt auch Henry Kissinger bei seinen Aufenthalten in Jerusalem. Es ist die Absteige und der zentrale Treffpunkt der großen jüdischen Organisationen der Diaspora, deren Hauptaufgabe darin besteht, Geld für Israel zu sammeln. Sie hatten für die Finanzierung des Jom-Kippur-Krieges unglaubliche Anstrengungen unternommen: Millionen von Dollar, Mark, Pfund, Franken flossen in dieser Zeit in das Land, damit der kostspielige Krieg bezahlt werden konnte. An fast allen Tagen fand deshalb im King David Hotel ein Dankessen statt, bei dem jeder den anderen ehrte, der Geber den Nehmer und der Nehmer den Geber. Ganzseitige Anzeigen in der *Jerusalem Post* verkündeten am nächsten Tag die guten Taten.

Ohne dieses Geld hätte Israel keinen seiner Kriege führen können, nicht einmal den ersten, der der Staatsgründung folgte. Ohne dieses Geld der Diaspora gäbe es kein Israel, und es ist deshalb die unvermeidbare Pflicht eines jeden Israeli, diese seine Mutter Diaspora zu ehren, die ihn nährt, und ihr zeit seines Lebens dankbar zu bleiben, denn ohne sie wäre sein Land verloren. So gesehen ist von der großartigen, rührend naiven Vorstellung von einem Staat der Bauern, die ohne persönliches Eigentum von der Erde und ihrer Hände Arbeit leben würden, nicht mehr viel geblieben als die Kibbuzim. Aber auch deren Schicksal ist, wie das aller, von den Gaben der reichen Brüder, Vettern und vermögenden Witwen abhängig. Und es käme einem Todesurteil gleich, wenn sich Israel – aus welchen Gründen auch immer – von der Diaspora je lösen, ja auch nur distanzieren würde. Umgekehrt bringt diese Diaspora ihre Gaben aber auch nicht nur aus Barmherzigkeit, Loyalität oder Tradition auf den Tisch Israels. Wer vor den zaristischen Pogromen floh, Nazi-Deutschland entkam und den latenten Antisemitismus Westeuropas kennengelernt hatte, wer auf der Flucht vor Himmlers Kommandos tage- oder wochenlang auf Aus- und Einreisebescheinigungen gewartet hatte, der wußte, was es für ihn bedeutete, daß es ein Land gab, das ihn jederzeit aufnehmen würde.

Sie kamen also in Scharen, um ihre Gaben auf dem Opfertisch Israels darzubringen, und die Wohlhabendsten unter ihnen wohnten im King David Hotel. Ich sah sie fast jeden Tag und hörte ihnen manchmal zu, wenn sie mit Miami, New York oder

Chicago telefonierten. Manche von ihnen waren stolz oder glücklich, viele eher gerührt, daß sie diesen Beitrag für »ihr« Land leisten konnten. Und doch schienen sie mir hier noch fremder zu sein als die Italiener von der Moses-Film-Produktion, die wenigstens jeden Tag mit der Erde in Berührung kamen, mit den Ziegen, Schafen und Kamelen der Beduinen, für die die Soldaten manchmal die Minen aus dem Weg räumten und die aus den Quellen von Ein Gedi in der Hitze des Mittags Wasser schöpften wie einst die ersten Stämme Israels.

Vielleicht irre ich mich, aber wenn ich sie so sah, die Delegierten, Präsidenten und Vizepräsidenten, wie sie sich zu einem Ehrenessen begaben oder davon wiederkehrten, dann erschien mir der Abstand zwischen ihnen und der Realität Israels und seiner Menschen unendlich groß und unüberbrückbar, es sei denn, man flüchtete sich wieder in ein neues noch gefährlicheres Märchen und versteckte sich darin. Aber sie waren sehr nett zueinander, die israelischen Empfangs- und Betreuungskomittees und die zu Besuch gekommenen Präsidenten, Vizepräsidenten und Delegierten. Es wurden viele schöne Reden gehalten, die man anderntags in der *Jerusalem Post* lesen konnte, deren Ausgabe mit nach Seattle und Miami genommen wurde, nach Toronto, Sao Paulo oder Frankfurt. Ob diese Reden freilich die Kluft zwischen denen, die hier etwas gaben, und denen, die es dringend benötigten, wirklich überbrückten, bezweifle ich. Auch deshalb bedeutete der Jom-Kippur-Krieg einen Rückschritt für Israel, weil er die Abhängigkeit und damit auch den moralischen Zwang zur Dankbarkeit gegenüber der Diaspora weiter vergrößerte.

Ich war jedesmal froh, wenn ich wieder auf der Straße stand. Draußen sah man junge Soldaten, die nun endlich Zeit hatten, am Abend mit ihren Mädchen unter der Mauer von Jerusalem spazierenzugehen. In Ostjerusalem standen die jungen Araber vor den Cafés und diskutierten, wenn ich zurück zum American Colony Hotel ging.

16. Kapitel
Totes Meer, an dem der Vogel sitzt

Eines Morgens um fünf fuhr ich mit den anderen zur Oase Ein Gedi am Toten Meer, wohin die Film-Produktion jetzt von Jericho aus umgezogen war. Keiner war noch richtig wach, wir fuhren schweigend durch das arabische Jerusalem, kamen zum Damaskus Tor, fuhren dann an der großen Mauer entlang in den tiefen Graben zwischen dem Ölberg und der Stadt und schließlich um den Ölberg herum in die Berge zwischen Jerusalem und dem Jordan. Die vergoldete Kuppel des Felsendoms und die El-Aksa-Moschee waren nur als runde Schatten hoch über uns zu erkennen. Hell leuchtend stand der Morgenstern am Himmel, auf der Gegenfahrbahn trotteten mit Säcken bepackt Esel in die Stadt.

In den Bergen zwischen Israel und Jordanien hatten sich jetzt die Soldaten so eingegraben, daß man sie kaum noch sah. Ein paar Tage lang arbeiteten die Bulldozer und Bagger an einem Hügel, bohrten Löcher oder trugen ihn halb ab: dann war über Nacht alles mit Wellblech, Holz und Erde zugedeckt. Was darunter lag, wußten nur die Soldaten und vielleicht noch die Beduinen, die mit ihren Herden über die Hügel zogen und ihre schwarzen Ziegenhaarzelte manchmal nicht weit entfernt von den grau-grünen Stoffzelten der Soldaten aufschlugen. Die Kinder der Beduinen hüteten die Schafe und Ziegen, die Frauen trugen Wasserkrüge, Reisig oder Bündel auf dem Kopf zu den Zelten, die Männer sahen wir fast nie. »Sie schlafen«, sagte lachend Hassan im Hotel.

Neben der neuen asphaltierten Straße nach Jericho und zum Toten Meer (und weiter über den Jordan nach Amman) führt die alte Straße im Tal entlang. Die noch älteren Pfade der Menschen und Esel laufen über die Höhen der Berge, vielleicht waren die Reisenden dort sicherer vor Räubern und Banditen, die noch unter der Türkenherrschaft hier keine Seltenheit gewesen sind. Scherut-Taxis, vollbesetzt mit Arabern, die kleinen Gardinen am Rückfenster halb zugezogen, überholten uns. Sie wollten so früh wie möglich an der Grenze sein, um über die Allenby-Brücke nach Jordanien zu fahren, und hatten es immer sehr eilig.

Unser vollbesetzter Dieselbus schlich über den letzten Paß. Hinter den moabitischen Bergen ging die Sonne auf. Vier Panzer warteten auf ihren Tiefladern neben der Straße, nichts sonst verriet etwas vom Krieg. Das Tote Meer schimmerte grau-rosa, und die Berge auf unserer Seite glühten. Aber nur für einen einzigen Augenblick: Als wir nach rechts in die Uferstraße einbogen, stand die Sonne schon gelb über den Bergen jenseits des Jordan.

Für den Kameramann der Moses-Film-Produktion wurde dieser schnelle Wechsel des Lichts zu einem großen Problem. Die Schatten fielen schwarz und plötzlich, manchmal noch mitten am Tage, über die darunterliegende Landschaft. Die weißen Felsen reflektierten grell die Sonne, unsere Augen brannten.

»Qumram« steht auf einem Schild am Nordrand des Toten Meeres, und der Pfeil zeigt nach rechts in die Berge. Zu sehen ist von der Straße aus nur eine flache Ruine: Reste der Gebäude, die das Zentrum einer religiösen Gemeinde waren, mit Bibliothek, Schreibstuben, Refektorium, mit Bädern und einer komplizierten Wasserversorgungsanlage. Durch ein tiefes Tal davon getrennt liegen an einem steilen Felsen die Höhlen, in denen die ersten Schriftrollen vom Toten Meer gefunden wurden: die ältesten uns überlieferten Handschriften alttestamentlicher Texte.

Den Israelis von heute bedeuten Qumram und Massada ungeheuer viel: Sie sind der Beweis für ihren Anspruch auf dieses Stück Erde, ein so unübersehbares, eindeutiges Zeugnis, daß damit kein anderes Volk konkurrieren kann. Deshalb deuten sie auch immer wieder auf Qumram, Massada, Jerusalem und auf jeden Namen im Alten Testament, der beweist, daß hier die Heimat ihres Volkes ist und nirgendwo sonst.

Beinahe zweimal so groß wie der Bodensee ist das Tote Meer,

auch Salzsee oder Asphaltitis-See genannt, der tiefste Punkt der Erde. Vierhundert Meter unter Meereshöhe erstreckt sich seine Oberfläche von Norden nach Süden, fast geradlinig eingesäumt von den kahlen Gebirgen, die es wie Mauern von der Wüste Arabiens im Osten und von der Küstenebene des Mittelmeers im Westen trennen. Auf mich übten diese zwei Reihen graublauer Berge mit dem perlmuttfarbenen Meer dazwischen eine geheimnisvolle Anziehung aus. Das große Tal wirkte wie ein riesiges leeres Zimmer in einem alten Haus, leer bis auf einige Gegenstände, von Menschen zurückgelassen, die seit langer Zeit tot sind, das Zimmer aber trotzdem noch bewohnen.

Am Ufer des Toten Meeres gibt es nur wenige menschliche Ansiedlungen: im Norden ein Café, vor dem zwei Kamele darauf warten, gegen Bezahlung photographiert und geritten zu werden, und einige zerschossene Ruinen. Am Westufer stehen drei große moderne Hotels und ein medizinisches Schwefelbad, außerdem zwei Cafés mit Badekabinen. Hoch über dem Meer erhebt sich dann der Felsen mit den Ruinen von Massada und weiter südlich der Kibbuz Ein Gedi. Im Süden sind die Salinen von Sedom, in denen Kali- und Bromsalze gewonnen werden, und daneben wieder die zerschossenen Gebäude einer größeren Siedlung. Das ist alles. Viele Kilometer lang fährt der Wagen zwischen den Bergen und dem Wasser, nichts außer der Straße selbst verrät, daß auf unserem Planeten Menschen wohnen. Wasser, Erde und Himmel: drei Elemente bilden eine Landschaft von vollkommener Reinheit. Nur das Licht und seine Töchter, die Farben gelb, rot, grün, blau und sein Bruder, der schwarze Schatten, wandern unablässig auf und ab, manchmal schnell, manchmal ganz langsam, je nach der Stunde.

Wie weit ist es von hier bis zu den Stadtvierteln und Dörfern Polens und Rußlands, nach Minsk und Wilna oder nach New York? Aus dem einen kamen die Gründer des neuen Israel, aus dem anderen kommt das Geld, das für die Geburt, das Leben des Staates von entscheidender Bedeutung war und ist.

Die Negev-Wüste bedeckt mehr als die Hälfte des ganzen israelischen Staatsgebietes: Im Negev wohnen aber nur 40 000 Menschen, die Hälfte davon sind nomadische Beduinen.

Im restlichen Israel leben fast drei Millionen. In der Verfassung Israels steht, jeder Jude in der Welt dürfe heimkehren. Allein aus Rußland kämen dann drei Millionen – und vielleicht kommen eines Tages alle vierzehn Millionen?

Vom Jordan wird das für die Erschließung des Negev unentbehrliche Wasser in einer großen Wasserleitung bis in die Wüste herabgeführt. Jedes Jahr im Herbst steht jeden Tag ein Bericht über den Wasserstand im See Genezareth in den Zeitungen. Jedes Jahr hält man in Israel den Atem an. Wird der Wasserspiegel weiter sinken? Dann kommt es zur Katastrophe.

Während uns Danny zwischen den Bergen von Moab und den Bergen von Juda nach Ein Gedi fuhr, fiel mir eine Stelle aus der Bibel ein, in der ich jetzt jeden Abend las: »Und als sie vom Esel sprang, fragte sie Kaleb, »Was hast Du denn?« Sie antwortete, »Ich habe eine Bitte an Dich. Du hast mich in dieses trockene Südland gesetzt, Du mußt mir auch Wasserquellen geben.« Und so gab ihr Kaleb (Achsahs Vater) die Oberen und die Unteren Quellen. Dieses ist der Erbbesitz des Stammes Juda auf die einzelnen Geschlechter verteilt ... und die Ortschaften ... waren ... in der Wüste ... Ein Gedi.«

Ein Gedi ist die größte Oase am Westufer des Toten Meeres. Seit Tausenden von Jahren leben hier Menschen, wachsen Palmen und Wein, Henna und Balsam, sprudeln Quellen, fällt das frische Wasser funkelnd über den Felsen und fängt sich in natürlichen Grotten, in denen man baden und schwimmen kann. Gleich hinter Ein Gedi beginnt die Wildnis der Wüste Juda, die zerklüfteten Berge und tiefen engen Täler, die Felswände mit den Höhlen, in denen man die Zeugnisse der tragischen Geschichte des Bar Kochba gefunden hat, der sich »Sternensohn« nannte und einen Aufstand gegen die Römer wagte: Briefe, Anordnungen, Listen, Abrechnungen, eine Chronik der Frau, die Babata hieß und in eine Familie von Ein Gedi eingeheiratet hatte. Ein Gedi fiel, die Römer siegten, die Anhänger Bar Kochbas sind in den Höhlen verhungert oder im Kampf umgekommen.

Hier schritt an jenem Novembertag nun der wiederauferstandene Moses durch die Wildnis, seine Schwester Mirjam durchwatete neben einem Esel den Bach, der durch die Berge Judas eilt.

Auch die Beduinen waren wieder da, mit ihren Kindern, Kamelen, Eseln, Ziegen und Schafen. Sie hatten ihre eigenen Zelte aufgebaut, ihre Kochstellen eingerichtet und tranken den ganzen Tag rote Limonade, die die Produktion verteilte. Sie fühlten sich sehr wohl im Schatten der vielen Bäume, in einem Paradies, in dem an Wasser kein Mangel war. Zwischen den Aufnahmen schliefen wir in Hütten aus Schilf, die sonst den Tieren als Unterkunft dienten. Ab und zu brachte jemand süßen heißen Pfefferminztee.

Gegen Mittag beschloß ich, auf den Berg zu steigen, mehrere hundert Meter über der Oase, über Moses, den Kameras und den Beduinen. »Du bist meschugge«, sagte der Regieassistent, versprach aber, in einer Stunde seinen Blick auf den obersten Felsen zu werfen.

Der Pfad führte im Zickzack hinauf, manchmal waren rohe Stufen in den Stein gehauen. Als ich auf halbem Wege angekommen war, legte ich mich auf einen Vorsprung, um mich auszuruhen, und schlief sofort ein. Nach wenigen Minuten wachte ich von dem unbestimmten Gefühl auf, jemand sähe auf mich herab und machte deshalb die Augen wieder auf. Zwei Steinböcke standen über mir im Fels und schienen zu überlegen. Ihre gewaltigen gebogenen Hörner ragten in den Himmel und senkten sich wieder zur Erde. Sie sahen mich an. Schließlich schlief ich von der Hitze ermüdet wieder ein. Als ich wieder aufwachte, waren die Steinböcke verschwunden. Aber sie hatten nur die Herde geholt. Jetzt standen vierzehn Tiere in der Felsenwand und sahen zu mir herüber. Dann flüchteten sie, das Hinterteil mal nach links, mal nach rechts schwingend, den Hang hinunter ins Wadi.

Oben angekommen, sah ich fast von einem Ende zum anderen über das Tote Meer, eingesäumt von den Bergen zu beiden Seiten, perlmuttfarben, weder Himmel noch Erde.

Die Moses-Leute winkten von unten, nicht viel größer als Ameisen. Auf dem Pfad neben dem Bach trugen sie die große Kamera wie einen toten König auf einer hölzernen Bahre, vorsichtig, fast sanft, die zwei vorderen Männer hielten sie höher als die hinteren: Sie ist 100 000 Mark wert. Ohne sie war die Produktion des Moses-Films unmöglich. Sie wurde bei Drehpausen von einem großen Sonnenschirm geschützt und jeden Abend und jeden Morgen mit Sauerstoff durchgepustet. Sie wurde nicht gerade angebetet, aber doch behütet wie ein Heiligtum.

Von oben wirkte das Auf und Ab der Menschen und Tiere unsinnig. Die Felswände schluckten jeden Laut, auf dem kleinen Plateau über Ein Gedi herrschte vollkommene Stille, die nur ein kleiner grauer Vogel mit seinen Rufen ab und zu unterbrach, während er vor mir hin- und herlief. Als ich mich setzte, blieb er stehen.

Jetzt sah ich auch die Felder des Kibbuz: saftige, dunkelgrüne Rechtecke inmitten der Wüste, viele von langen Plastiktunneln geschützt. Es wirkte alles geplant und ordentlich und nahm sich fremd aus in dieser Landschaft. Hier wuchsen Tomaten, wunderschöne große rote Tomaten, und die Häuser waren bequem, hatten Balkone und glichen den Häusern in allen Kibbuzim, die ich gesehen habe.

Die Häuser in Israel wachsen nicht aus der Erde: Sie werden draufgestellt, es sind oft Fertighäuser oder doch wenigstens zehn, zwanzig, hundert nach dem gleichen Plan, dem gleichen Muster. Vor der Gründung des Staates sind nicht wenige Kibbuzim in einer einzigen Nacht aufgestellt worden, zuerst der Wasserturm mit dem Scheinwerfer, Symbol der Kolonisatoren in der ganzen Welt, dann die Fertighäuser, die mitunter mit dem Schiff aus Amerika kamen, in Aschdod oder Haifa ausgeladen und in der Dunkelheit an ihre Bestimmungsorte gefahren wurden. Noch nie hat sich eine Bevölkerung innerhalb einer einzigen Generation auf einem so kleinen Stück Land so vervielfacht. Die Israelis sind stolz darauf, daß heute niemand mehr in Zelten oder in Baracken wohnt, daß die Häuser in den Kibbuzim Balkone haben, Küchen und Bäder und die Kibbuzim selbst nicht selten Swimming-pools und Tennisplätze, Rasenflächen und Parkanlagen besitzen.

In den Teilen Israels, in denen im Winterhalbjahr genügend Regen fällt und die im Winter und Frühjahr aussehen wie manche Landschaften in Deutschland oder Schweden, fallen die hingestellten Häuser nicht weiter auf. Aber sie wirken trostlos, wo es keine Vegetation, keine Bäume und keinen Rasen gibt.

Der graue kleine Vogel kam ganz nah heran und pickte ein Stück Käse auf, das mir heruntergefallen war. Dann rannte er wieder weg. Auf dem Toten Meer bewegte sich nichts. Während der Türkenherrschaft soll es einen Bootsverkehr gegeben haben, seitdem segelt niemand mehr zwischen Jordanien und Palästina hin und her.

Hier, die Berge zwischen sich und dem Mittelmeer, mit dem Rücken zu den Bergen: Hier auf dem Felsen von Massada, 12 Kilometer südlich von Ein Gedi, hatte sich eine Handvoll Juden verschanzt, die versucht hatten, ihr Land von einer Weltmacht zu befreien. Ein Jahrhundert später versuchte es Bar Kochba noch einmal, er wurde von Hadrian geschlagen, und seine letzten Soldaten kamen mit ihren Frauen und Kindern in den Höhlen vor Durst und Hunger in jener Wüste Juda um, an deren Rand ich saß – unter mir die Tomatenfelder von Ein Gedi und die Häuser, die so fremd wirken in dieser Landschaft.

Viele Israelis hassen die Wüste, nicht zuletzt der Kriege wegen, von denen sich die letzten drei in der Wüste abspielten. Wenige Israelis sind in der Wüste ebenso zu Hause wie die Beduinen: Deshalb bleibt ihnen mehr als die Hälfte des Bodens von Israel fremd und unheimlich. Sie bauen Versuchsstationen, Grenzkibbuzim, sie richten Naturschutzgebiete ein, sie nennen den Negev ihre Zukunft, haben ganze Städte in die Wüste gestellt und *besiegten* die Wüste: Aber zu Hause sind sie in ihr nicht. Die überwältigende Mehrheit der Israelis lebt und denkt so, als gäbe es sie nicht, so als bestünde Israel aus den Städten, in denen 70 Prozent der Bevölkerung wohnen oder aus den Kibbuzim mit den Fertighäusern, dem Wasserturm mit dem Maschinengewehr und einem Scheinwerfer neben dem Swimming-pool.

Ein reicher amerikanischer Jude erzählte mir, auf dem Grunde des Toten Meeres lägen wahrscheinlich die größten Ölvorräte der Welt. Die Römer nannten es nicht umsonst Asphaltsee. Der Amerikaner sagte: »Das Öl sickert zum tiefsten Punkt, also hierher. Die Wüste ringsum ist voller Öl. Nur direkt nebenan, in Jordanien, fließt keines, aber gerade deshalb muß das Tote Meer wie ein Sammelbecken wirken.«

Unter mir schritt Moses durch den Kibbuz: Er war fertig für heute. Die Kamera wurde auf ihrer Bahre zu einer kleinen schilfbestandenen Schlucht getragen und dort wieder aufgestellt.

Die Berge von Moab, in der hohen Mittagssonne flach, wie aufgeklebt, fingen wieder zu leben an, warfen Schatten, formierten sich. Ruth, die Urgroßmutter König Davids stammte aus Moab, war also eine Fremde. Heute sagt das Gesetz Israels: Du kannst nur Jude sein, wenn Deine Mutter Jüdin war. *Mogeln* ist ein jiddisches Wort, ein gutes Wort: Die Welt lügt derzeit nicht, sie mogelt. Grenzen dürfen nach allgemeinem Konsensus heute nur noch in Ausnahmefällen verändert werden. Eine solche Ausnahme war Polen, das seine Grenze nach dem Westen verschob, denn es hatte von denen Schlimmes erlitten, deren Land es nun wegnahm. Aber wegnehmen ist kein so gutes Wort, irgend etwas mit »wieder« ist besser oder »zurück«. Polen nahm also nicht etwas Neues, es nahm nur etwas »zurück«. Polen hatte außerdem große Gebiete im Osten an Rußland verloren – Bündnisse fordern eben ihren Preis –, nun brauchte es Land im Westen. Es gehörte zu den Siegern eines langen und blutigen Krieges, es *gab niemanden, der es daran hindern wollte,* das zu nehmen, was es brauchte. So viel ich weiß, war dies die letzte größere Landnahme in der Geschichte des 20. Jahrhunderts, von der einige Millionen Menschen betroffen wurden, die seit fast einem Jahrtausend dort gewohnt hatten.

Als die Juden im 19. und 20. Jahrhundert in Palästina durch Kauf, durch Verträge, durch Mogeln und manchmal auch durch Gewalt die Grundlagen für ihren heutigen Staat schufen, gehörten sie nicht zu den Siegern. Es waren Verfolgte, Diskriminierte, von barbarischer Ausrottung bedrohte Menschen, die hier Zuflucht suchten. Sie brauchten dieses Land, und so haben sie es sich genommen. *Es war für sie eine Frage von Leben und Tod.* Heute, nach einem Vierteljahrhundert, sind die Grenzen Israels noch immer nicht anerkannt, und gerade die Organisation, die am nachdrücklichsten für die Unveränderbarkeit der Grenzen eintritt, war formal gesehen gänzlich außerstande, die Grenzen Israels zu verteidigen. Israel wollte von Anfang an einen eigenen Staat in einem Gebiet, das nach dem Ende der türkischen Herrschaft 1917 *niemandem* gehörte und über das Großbritannien nur ein Mandat ausübte, also eine Treuhandschaft für den Völkerbund.

Der kleine graue Vogel stand wieder da. Wie glücklich sie doch sind: Vögel kennen keine Grenzen. Aber das ist nicht wahr: Sie verteidigen ihre Reviere, manchmal auf Leben und Tod.

In Palästina erfolgte also nach dem Ende der 400jährigen türkischen Fremdherrschaft in mehreren Stufen eine Landnahme durch die Juden, die sich zum erstenmal seit zweitausend Jahren zu einer politisch wirksamen Organisation zusammengeschlossen hatten, zu dem, was sie zunehmend als »Regierung im Exil« betrachteten. Damit war der erste und wichtigste Schritt zur Landnahme getan.

Der kleine hellgraue Vogel flog jetzt hinunter zu den Tomatenfeldern des Kibbuz. Mit welcher Sorgfalt, welchem Fleiß wurden sie gepflegt. Meine *Geographie Israels* enthält keine Angabe darüber, wie viele Menschen in Ein Gedi wohnen. Aber man erfährt, daß die Siedlung 1953 gegründet wurde. Wer hat in Ein Gedi neben den Wasserfällen, Bächen und Quellen in den eintausendachthunderteinundzwanzig Jahren zwischen 132 und 1953 n. Chr. gelebt?

In den Schulen Israels adoptieren oft Klassen Orte in Galizien oder Weißrußland, deren jüdische Bevölkerung in Pogromen oder Kriegen umgekommen sind. Mit großer Sorgfalt werden Namenslisten angelegt und Chroniken geschrieben. Mag es den Ort auch nicht mehr geben, mag auch kein Jude mehr dort leben: Wie eine Pflanze wird die Erinnerung gehütet und gepflegt und kein Punkt der Vergangenheit so sehr wie das Unglück, denn das Unglück, die Katastrophe, das Leiden: sie sind der moralische Schlüssel für die Landnahme der Juden, auch für die Landnahme mit Gewalt. Mit dem eigenen unendlichen Leiden läßt sich alles aus dem Bewußtsein verdrängen, was beunruhigen, was stören könnte. Auch zum Beispiel die Möglichkeit, daß arabische Kinder mit der gleichen Liebe und Sorgfalt über Städte und Dörfer Buch führen könnten, in denen *ihre* Vorfahren mehr als tausend Jahre lang lebten, bis diese Orte vom Erdboden verschwanden, um Platz zu machen für Menschen, die über das Meer kamen und in einer fremden Sprache redeten.

Folgt man der Bibel, dann hat Gott vor 3200 Jahren den Juden dieses Tal gegeben, die Berge auf beiden Seiten und die Ebene im Westen, die am anderen großen Meer endet. In diesem Land wurde eine Idee entwickelt, die die Geschichte des ganzen Planeten zutiefst beeinflussen sollte: Daß es nur *einen* Gott gibt, den Herrn über Himmel und Erde, über die Völker und über deren Geschichte. Aber dieser eine Gott war zugleich auch der besondere Gott Israels. Unter allen Völkern der Erde hatte er sich dieses Volk auserwählt. Die Geschichte Israels war deshalb nicht eine Geschichte seiner Siege und Niederlagen, seiner Erfolge und Fehlleistungen, *sondern die Verwirklichung eines göttlichen Plans.*

Streng orthodoxe Juden waren mit der Gründung Israels und der physischen Landnahme niemals einverstanden. Für sie ist der Staat Israel überhebliches Menschenwerk, eine Vorwegnahme der göttlichen Heilsidee, in der die Wiedererrichtung des Davidstaates Jahwe selbst vorbehalten ist. Sie verweigern dieser Profanisierung endzeitlicher Erwartungen ihre Anerkennung.

Die Männer und Frauen von Ein Gedi, die unter mir in den Feldern arbeiten, haben in den letzten zwanzig Jahren jene Profanisierung des göttlichen Heilsplanes mitvollzogen.

Aber ein Feld zu bebauen, eine Wasserleitung durch das ganze Land zu legen, über Nacht Dörfer hinzustellen: Das ist nicht genug. Wenn sie ihr Land auch behalten wollen, müssen sie die Konsequenzen aus der geographischen Lage dieses Stücks Erde ziehen. Es genügt nicht, daß sie einen neuen Staat nur aus der Geschichte ihres Volkes und aus ihrem eigenen Schicksal begreifen. Hüllen sie sich weiter in diese Ausschließlichkeit ein, werden sie eines Tages darin ersticken. Nichts war schmerzlicher zu sehen in diesem letzten Krieg als die Reduktion der politischen Gespräche zum Monolog, ja die fortschreitende Neigung vieler Israelis, nicht mehr hören und sehen zu wollen, nicht mehr mit Fremden reden zu müssen, deren Gedanken und Ansichten den Traum berühren, der die Wurzel des Staates ist: daß zwischen Jordan und Mittelmeer eine Insel entstanden ist, auf der jeder Jude in der Welt seine Heimat hat, *sollte er sie je brauchen.*

Als ich aufstand und zusammenpackte, fiel aus meiner Bibel ein Merkzettel mit zwei Zitaten.

Das erste:

»Preise.

Das Töten eines Menschen im Krieg wird immer teurer. Professor Bert Roeling von der holländischen Universität Groningen hat festgestellt, daß zur Zeit des römischen Diktators Caesar der Kriegstod eines Menschen 2,50 DM kostete, zu Napoleons Zeiten bereits 11 000 DM, im Ersten Weltkrieg 81 000 DM und im Zweiten Weltkrieg 185 000 DM. In Vietnam kostet die USA die Tötung eines Gegners rund 1,1 Millionen DM.«

Das zweite:

»In ihrer Operationsmaske untersuchte die Schwester im Lichte ihrer Taschenlampe die grotesk starrenden Gesichter, suchte für jeden Körper die dazupassenden Gliedmaßen und setzte sie wieder zusammen, wie es das jüdische Gesetz befiehlt, das besagt, daß jeder, der eines unnatürlichen Todes gestorben ist, in den Kleidern begraben werden muß, die er anhat, wie immer schmutzig und blutig sie auch sein mögen, und mit allen seinen Gliedmaßen.«

Im Drehbuch unseres Filmes wird die erste Szene folgendermaßen beschrieben: »Eine weiße Salzebene (Südende des Toten Meeres). Ein sehr schöner Käfer läuft eilig zwischen roten Pfützen entlang. Die Kamera geht zurück. Auf dem mit Körpern und Gliedmaßen übersäten Schlachtfeld läuft Pancha hin und her. Sie setzt einen Menschen zusammen. Als sie damit fertig ist, wacht dieser Mensch auf: Quichotta gähnt.

Die Erfinderin der Szene wußte nichts von den jüdischen Gesetzen. Sie hat auch meinen Zettel nie gelesen.

Vielleicht ist das Bedürfnis, einen Menschen wieder ganz zu machen, den wir vorher kaputtgemacht haben, in uns allen sehr groß. Vielleicht würden uns Geburt und Leben der Quichotta erklären helfen, was Israel, ein kleines Land im Orient, mit uns selbst zu tun hat: Auf jeden Fall mußte ich jetzt, sollte aus dem Film was werden, nach Europa reisen.

Zwei Tage später fuhr ich nach Lod, das diesmal ganz leer war. Im Flugzeug wurde über Geschäfte geredet, über St. Moritz und Skilaufen. Als wir die Küste überflogen, sah niemand aus dem Fenster.

17. Kapitel
Europa tanzt

In Europa hatte sich alles und nichts verändert. Sonntags waren die Straßen leer. In Deutschland war das Benzin um 15 Pfennige teurer geworden. Ein Augenblick der Ernüchterung war eingetreten, der aber nicht lange anhielt. Das Öl schien trotz allem irgendwie weiterzufließen. Die Sympathien hatten sich merklich auf die arabische Seite verlagert, weil man jetzt zum erstenmal viel besser informiert war, auch über vieles, was die Israelis getan hatten, wie sie sich gegenüber den Palästinensern benommen hatten. Auch eine gewisse Anteilnahme machte sich jetzt bemerkbar, sie sollte den Geschehnissen in Israel gelten, galt aber wohl mehr dem Öl, von dem man, wie nun endlich jedermann wußte, so ganz und gar abhängig geworden war.

Einige Engländer hatten es schon viel früher gewußt, und sie hatten immer wieder davor gewarnt, den Zionisten irgendwas zu versprechen, das man vorher den Arabern wegnehmen mußte. Sie plädierten dafür, daß die Araber eines Tages ganz Palästina erben sollten, eine Vorstellung, von deren Richtigkeit sie die Politiker zu überzeugen versuchten, als die Zionisten einen unabhängigen jüdischen Staat zu fordern begannen. Die Engländer waren schließlich auch als erste mit dem Dilemma in Berührung gekommen, sich zwischen moralischen und wirtschaftlichen Prioritäten entscheiden zu müssen: Sie verwehrten den aus Europa geflohenen Juden die Einwanderung nach Palästina, um die Araber nicht zu verprellen, obwohl sie bereits 1917 in der Balfour-Erklärung zugesagt hatten, ihnen bei der Gründung einer nationalen Heimstätte in Palästina behilflich zu sein. Mehr als ein halbes Jahrhundert danach wurde außer Israel England am härtesten von den Folgen des Jom-Kippur-Krieges betroffen. Der Öl-Boykott machte den wirtschaftlichen

Ruin des Landes nun vollends deutlich. Dieser Zustand war nicht eigentlich neu, aber man hatte ihn lange Zeit erfolgreich verschleiert und verdrängt. Man hatte weiter so gelebt, als gäbe es das Britische Weltreich, seine Kolonien, Rohstoffvorräte und Absatzmärkte immer noch. Man lebte über die Verhältnisse eines armgewordenen Landes und wollte es nicht wahrhaben, daß man bereits auf dem Wege war, Portugal und Spanien zu folgen, die den Verlust ihres Weltreiches auch nach 500 Jahren noch nicht kompensiert haben.

Alles Handeln konzentrierte sich nun auf allerkürzeste Fristen, vor allem in der Politik: Man mußte sich erst einmal über das Heute retten, an morgen oder übermorgen war gar nicht zu denken. »Über die Runden kommen«, hieß das Gesetz der Stunde, von und über Israel war nichts zu lernen, das war eine Nebensache, bei einer totalen Besetzung Israels durch die arabischen Staaten wird sich wohl fortan in Europa keine Hand mehr rühren. Die meisten Menschen in Israel wissen das inzwischen besser und genauer als wir selbst, und auch die Araber wissen es natürlich inzwischen. Aber seltsamerweise glaubte ich deshalb, jetzt fast so etwas wie Mitleid zu entdecken, wenn Araber über Israel sprachen: Möglicherweise hat das, in den Augen beider Kontrahenten skandalöse Verhalten Europas, die Araber und Israelis einander nähergebracht, als sie es je zuvor gewesen sind. Schließlich wurden die Araber nicht zuletzt durch die engen Bindungen vieler Israelis an die europäische Vergangenheit irritiert. Nun ist die Nabelschnur zerrissen. Israel gedeiht und verdirbt nur noch als ein Kind des Orients: als ein Kind der Dritten Welt.

Im Jom-Kippur-Krieg wurden weder die Israelis noch die Araber vernichtend geschlagen. Der eigentliche Verlierer ist Europa. Das konnte man auf Schritt und Tritt spüren: Die einen wie die anderen haben begonnen, uns zu verachten. Aber es wird noch lange dauern, bis man in Europa die sich daraus ergebenden Konsequenzen begreift. Europa tanzt heute mit geschlossenen Augen auf dem Drahtseil und ist ganz mit sich selbst beschäftigt: Gerade das aber kann es sich in Zukunft weniger leisten, denn je zuvor. Unser Reichtum besteht darin, daß wir anderen vormachen, es gäbe große, einzigartige, von niemandem sonst zu verstehende Geheimnisse bei der Fabrikation von Dingen, die anderswo gebraucht werden. Seit Jahren aber haben wir schon begonnen, vom Verkauf dieser Geheimnisse zu leben: Wir liefern schon längst nicht mehr nur Verbrauchsgüter, sondern Maschinen, Fabriken, Wissen und Erfahrung: womit der Totalausverkauf eingeleitet ist.

Sollte anstelle des Hasses eines Tages im Vorderen Orient die Vernunft treten und aus den verfeindeten semitischen Brüdern gar Freunde werden, dann würde diese Region noch sehr viel schneller von Europa unabhängig werden.

Es war Abdullah, der Großvater König Husseins, der in den Juden heimgekehrte Verwandte sah, deren in der Fremde erworbenes Wissen seinen Landsleuten helfen könnte, aus der Wüste Jordaniens einen blühenden Garten zu machen. Er wollte das Geheimnis der dicken roten Tomaten in den Kibbuzim erfahren und wie Dattelpalmen auch von Salzwasser leben können, er wollte Rat und Hilfe von den klugen geschickten Juden, die es fertiggebracht hatten, das arme Palästina in ein blühendes Israel zu verwandeln.

Abdullah wurde 1951 von arabischen Fanatikern ermordet. Jordanien ist noch immer ein armes Land. Aber die arabische Welt ist durch das Öl reich geworden. Ihr Reichtum und die technische Intelligenz der Israeli ergäben eine Zukunftsperspektive für diese Region der Erde, für die es keine Parallele gibt. Dann hätte es kein arabischer Politiker mehr nötig, um unsere Hilfe für den Ausbau der Technologie seines Landes zu bitten.

Nicht wenige, die ich in Europa sprach, hielten die militärischen Erkenntnisse des Jom-Kippur-Krieges für das wichtigste Ergebnis; Kriege könnten fortan nie mehr das sein, was sie waren. Strategisch müsse man nun umdenken.

Etwas davon hatte sich auch bei den israelischen Soldaten im Shulamit Gardens Hotel niedergeschlagen. »Auf's G'müt is 'gangen«, sagt man in Bayern, und jedem, der die großen Wüstenschlachten im Oktober 1973 am Fernsehschirm beobachtet hatte, blieben sie für immer im Gedächtnis, weil ihre Absurdität unverkennbar war. Denjenigen aber, die in den Panzern gesessen hatten oder durch den Sand gerannt waren, blieb das Trauma.

»Wie war es denn in Israel?« fragten alle. Was soll man darauf antworten? Der Fremde, der während des Krieges in Israel war, hat diesen Krieg wie einen bösen Traum erlebt. Und das, an was er sich am meisten und besten erinnert, sind die Gesichter, der Ausdruck der Gesichter und die Stimmen, nicht so sehr, was die Menschen sagten, sondern wie sie es sagten.

Zweieinhalbtausend Tote in einem Krieg: Das beeindruckte bei uns niemanden. Der Verkehr auf den Straßen forderte in einem Jahr weit mehr Opfer. Der Krieg kann also so schlimm nicht gewesen sein.

Aber viele Menschen waren doch auch nachdenklicher geworden und wollten mehr darüber wissen, wie es überhaupt dazu gekommen war, daß die Juden nach zweitausend Jahren ausgerechnet wieder in dieses Land, zwischen Wüste und Meer wollten. Ihnen brauchte ich nur meine Bibel zu leihen, in der jetzt alle diesbezüglichen Stellen rot unterstrichen waren. Daß die Heilige Schrift der Christen gleichzeitig die Heilige Schrift der Juden war, hatten die meisten vergessen. Mehrere meiner Freunde fanden die Geschichte so spannend, daß sie sich selbst eine Bibel kauften, meist die Zürcher, die den hebräischen Text am korrektesten wiedergibt. Danach konnte man viel leichter mit ihnen über Israel reden. Die Sprache des Alten Testaments ist von einer solchen Schönheit und die Geschichten, die erzählt werden, sind häufig so menschlich, daß ich kein Buch kenne, das ihm gleichkommt. Um die Bezogenheit dieser Texte auf ein ganz bestimmtes Stück Erde erfassen zu können, muß man freilich selbst in Israel gewesen sein, in Jericho und Sedom, in der Wüste und in Jerusalem. In keinem anderen Glauben spielt die geographische Realität eine solche Rolle, sind die Gesetze so eng auf diese Wirklichkeit bezogen. Die Worte und Verse des Alten Testaments besitzen mitunter fast eine suggestive Kraft. Soweit sie im Exil geformt und geprägt wurden, entstanden sie ja auch aus der Sehnsucht: aus Heimweh. Nicht auf eine Person sind sie bezogen, sondern auf eine Stadt. Auf Jerusalem konzentrieren sich Gebete und Gesänge der Juden in aller Welt. Auch wenn in Jerusalem eine der schönsten Moscheen steht, so hat Jerusalem doch für den Islam niemals diese zentrale Bedeutung gehabt.

Zu den heiligen Büchern der Juden gehört auch die Mischna, die Sammlung der traditionellen Gesetze, soweit sie bis zum zweiten Jahrhundert nach Christi bereits in Kraft waren. Immer wieder stößt man auf Gesetze, die nur in Israel einen Sinn haben, die sich auf Israel beziehen. Da wird aufgezählt, welche Früchte nicht aus Israel ausgeführt werden dürfen, was mit den Bäumen gemacht werden soll, die die Mauer von Jerusalem überragen, welche Dinge von den Männern in Jericho verrichtet wurden, schließlich der höhere Verdienst des Wohnens in Israel und Jerusalem...

Des Wohnens in Israel und Jerusalem! Nichts dergleichen finden wir im Koran oder bei den Christen. Für den Muslim ist Jerusalem eine Heilige Stadt, die dritte nach Mekka und Medina, zu der eine Pilgerfahrt gemacht werden sollte: mehr nicht. Es ist auch historisch nicht bewiesen, daß Mohammed je in Jerusalem gewesen ist. Seine Reise von Arabien nach Jerusalem und zurück erfolgte in einer einzigen Nacht und schloß eine Besichtigung des Himmels mit ein. Es war ein Traum, eine Vision. Auf jeden Fall war Jerusalem längst die Heilige Stadt der Juden, als der Prophet auf einer Leiter von hier aus in den Himmel stieg, während sein Wunderpferd, al-Burak, unten nahe der alten Tempelmauer wartete.

Und einen »arabischen Staat« hat es hier nie gegeben, also können die Juden ihn auch niemandem weggenommen haben. In den Jahrhunderten zwischen dem Untergang des ersten Staates Israel und der Gründung des zweiten Staates Israel war dieses Land im Besitz oder unter der Verwaltung von verschiedenen Großmächten, war Provinz, manchmal sogar nur Distrikt unter einer Besatzungsmacht. Die einzige Ausnahme war der christliche Staat der Kreuzfahrer, der von Europäern gegründet wurde.

Lange Zeit bildete die Kollekte in den Synagogen der Diaspora für die Juden in Jerusalem und Israel, die *Halukkah,* deren Existenzgrundlage – so wie heute noch die Spenden der Diaspora das Überleben Israels garantieren. Die Araber mögen den Israelis dieses »fremde« Geld vorwerfen, sie müssen sich dann aber nach den Spenden der arabischen Ölstaaten für die Palästinenser fragen lassen. Nach dem Zusammenbruch des türkischen Großreiches im Ersten Weltkrieg ging es den Arabern bezeichnenderweise auch nicht um die Gründung eines unabhängigen arabischen Staates auf dem Boden Palästinas. Das Vorgehen der arabischen Nachbarstaaten wurde vielmehr von dem Ziel bestimmt, dem eigenen Land ein möglichst großes Stück von Palästina einzuverleiben. Bis in die sechziger Jahre dieses Jahrhunderts standen sich also nicht die Vorstellung von einem arabischen Staat und einem israelischen Staat in Palästina unversöhnlich gegenüber, es kollidierten vielmehr die Ansprüche der arabischen Staaten mit den Vorstellungen der Zionisten. Es mag sein, daß die Engländer mit der Balfour-Erklärung von 1917 etwas versprachen, was sie selbst nicht besaßen. Denn Palästina »besaß« damals niemand. Immerhin hatten die Engländer aber die Türken aus dem Land gejagt, war ihr General Allenby in Jerusalem einmarschiert. Sie hatten das Land befreit, sie waren die Sieger, sie konnten, zumindest theoretisch, damit machen, was sie wollten.

So aber haben es die arabischen Nationalisten nie gesehen. So wollten sie es nicht sehen, und deshalb haben sie sich sechzig Jahre lang geweigert, den Gedanken eines jüdischen Staates in Palästina auch nur zu erwägen oder mit den Juden über die Errichtung eines solchen Staates und über seine etwaigen Grenzen auch nur zu verhandeln. Nahezu alle Gespräche mit den Juden fanden über Dritte statt. Was immer die Juden an Kooperation anboten: Solange sie den Gedanken an einen eigenen Staat nicht aufgaben, würde man mit ihnen nicht verhandeln. Das war und blieb eine Conditio sine qua non. Und es war wiederum die einzige Bedingung, auf die sich die Juden nicht einlassen wollten.

Die Saat der letzten Kriege hatte also viele Jahre Zeit, aufzugehen. Die Palästinenser selbst spielten in der wachsenden Antagonie zwischen Arabern und Juden lange nur eine untergeordnete Rolle. Sie waren bis zur Gründung ihrer eigenen politischen und militärischen Organisationen nur das Objekt fremder Politik, wobei sich das Vorgehen ihrer arabischen Brüder häufig genug nicht wesentlich von dem der Israelis unterschied.

War es schon der Gedanke an einen eigenen jüdischen Staat,

der die Gefühle der Araber erregte, so rief das Drängen der Juden auf eine uneingeschränkte Einwanderung der Juden aus aller Welt nach Palästina bei nicht wenigen wirkliche Angst hervor. Schließlich gibt es über 14 Millionen Juden in der Welt, und selbst wenn die Engländer ihnen ganz Palästina als ihre neue Heimat überließen, so war es doch an den Fingern abzuzählen, wann sie sich über die Grenzen in die benachbarten arabischen Länder ergießen würden, um nicht zu verhungern, um zu überleben, um neues Land in Besitz zu nehmen.

Aber wem gehörte das Land in Palästina? Die Engländer hatten den Grund und Boden der Türken als Siegesbeute einbehalten. Sie verkauften anfangs einzelne Parzellen sowohl an Juden als auch an Araber. Als später auf Druck der Araber der Verkauf von Land an Juden offiziell von den Engländern verboten wurde, war es trotzdem nicht allzu schwer, die Bestimmungen zu umgehen. Grundsätzlich also war alles Land, das die Juden bis zum Ende des englischen Mandats besaßen, von ihnen *gekauft* worden. Danach übernahm der Staat alles »herrenlose« Land, also auch das der geflüchteten Araber, für das teilweise später Pacht über Agenten gezahlt wurde.

Die Flucht der palästinensischen Araber kurz vor und seit der Gründung des Staates Israels ist der dritte große Block, der zwischen den Arabern und Juden und ihrer Versöhnung steht. Es ist eine uralte Beduinentradition – der ja im Grunde auch die Rückkehr der Juden entspricht –, daß man ein Gebiet in Kriegszeiten *vorübergehend* verläßt und preisgibt, um nach Beendigung der Feindseligkeiten wieder zurückzukehren. Die Israelis betrachteten die Flucht der Araber jedoch von vornherein als endgültig, das Land als aufgegeben. So eroberten die Israelis die alte arabische Hafenstadt Jaffa, deren Vorort Tel Aviv damals war: 70 000 arabische Einwohner flohen, nicht wenige kamen in den Kämpfen oder auf der Flucht über das Meer um. Die Israelis rechtfertigten sich damit, daß aus Jaffa auf Tel Aviv geschossen worden war.

Der Krieg, der 1948 nach der Gründung Israels ausbrach und über ein Jahr dauerte, war sicher der blutigste und grausamste der vier zwischen Juden und Arabern bisher geführten Kriege. Er schuf das ungelöste Problem der palästinensischen

Flüchtlinge, denen wir die Terrorakte unserer Tage verdanken. Eine Entschädigung durch die Israelis und die Integration der Flüchtlinge in die umliegenden arabischen Staaten wurde von den Extremisten beider Seiten von vornherein abgelehnt.

Die arabischen Länder ignorierten die Proklamation des Staates Israel und verweigerten dem neuen Staat ihre Anerkennung. Die in Elendslagern zusammengepferchten palästinensischen Flüchtlinge dienten ihnen als willkommenes Druckmittel, um die Palästina-Frage offenzuhalten. Weder die armen noch die reichen arabischen Nachbarstaaten boten den geflohenen oder vertriebenen Palästinensern eine Alternative zum Dahinvegetieren in den Lagern und zum Warten auf den nächsten Krieg. Die Israelis mögen in den Flüchtlingslagern von Anfang an eine potentielle Bedrohung ihrer Sicherheit gesehen haben, trotzdem sahen sie die Palästinenser lieber außerhalb als innerhalb ihrer Staatsgrenzen.

Als dann die arabischen Staaten ihre jüdischen Minderheiten auswiesen, teilweise durch Drohungen und ab und zu auch durch Verfolgung zur Flucht bewegten und Israel diese Flüchtlinge aufnahm, stellte man sich in Israel auf den Standpunkt, nun sei die Gerechtigkeit auf jeden Fall wiederhergestellt. Es habe sozusagen ein Austausch stattgefunden, denn auch die Juden mußten ja ihren Besitz zurücklassen und schlimmer sei es den palästinensischen Arabern auch nicht ergangen. Schließlich seien diese Juden in jenen Staaten ebenfalls seit vielen Jahrhunderten ansässig gewesen und hätten Marokko, Tunesien oder den Jemen durchaus als ihre Heimat betrachtet. Sie verwiesen außerdem darauf, daß diese jüdischen Flüchtlinge aus den arabischen Staaten und deren Kinder inzwischen die Hälfte der israelischen Bevölkerung ausmachen.

Nicht weniger problematisch ist die Situation der heute in Israel lebenden Araber. Sie sind weder unterdrückt noch frei, sie tragen besondere Vermerke in ihren Ausweisen und Pässen, zahlen besondere Steuern und sind von vielen gehobenen Positionen — etwa des Sicherheitsrisikos wegen — von vornherein ausgeschlossen. Kein Araber, der nicht aktiv gegen den israelischen Staat arbeitet, wird jedoch in Israel verfolgt. Die Araber können ihre Religion in vollkommener Freiheit ausüben, ihre Moscheen werden geschützt. Trotzdem entstehen immer wieder Konflikte, sei es, daß Beduinen aus ihren alten Weidegebieten vertrieben werden, weil diese in militärischen Sperrgebieten liegen, sei es, daß die Israelis mit Wehrdörfern und Kibbuzim inzwischen auch in die 1967 eroberten Gebiete vordringen. Noch entscheidender als solche Reibereien ist allerdings ein grundsätzliches Problem. Auch der Araber, der seit 1948 innerhalb des israelischen Staates lebt, gehört nicht zum Staatsvolk. Er ist, selbst wenn er sich an Wahlen beteiligen darf, kein Bürger, sondern bleibt ein Fremdkörper. Eine Assimilation ist schon wegen der religiösen jüdischen Tradition ausgeschlossen, die Glaubens- und Volkszugehörigkeit gleichsetzt. Eine Völkergemeinschaft, wie die des Islam, der außer den Arabern auch die Perser, Pakistani, Malayen und viele andere Völker und Rassen angehören, ist für das Judentum undenkbar. Hier besteht ein diametraler Gegensatz zwischen Christentum und Islam auf der einen und dem Judentum auf der anderen Seite, obwohl die beiden jüngeren Religionen ohne die israelitisch-jüdische Religion kaum vorstellbar sind. Jüdische Missionare hat es nie gegeben, und es wird sie wohl auch nie geben. In vieler Hinsicht ist das jüdische Volk deshalb eine der exklusivsten Gemeinschaften der Welt. Einem Araber oder anderen Fremden kann es darum in Israel materiell durchaus gut gehen, er kann sich seiner persönlichen Freiheit erfreuen, aber er wird sich auch in Friedenszeiten nie voll mit diesem Staat identifizieren können – selbst dann nicht, wenn er vielleicht ein Stück Erde bebaut, das seit undenklichen Zeiten im Besitz seiner Familie ist.

Zu der Zeit, als sich die UNO zur Teilung Palästinas entschloß, hielten sich in dem den Juden zugewiesenen Teil Araber und Juden ungefähr die Waage. Innerhalb der Grenzen von 1967 leben neben über zweieinhalb Millionen Israelis 350 000 Muslims und fast 80 000 Christen. Der israelische Anteil an der Bevölkerung beträgt über 85 %. Die Hälfte von ihnen ist in Israel geboren. Aber auch die Mehrzahl der Einwanderer lebt schon über eine Generation in Israel. Man kann also mit Recht sagen, daß die Israelis »Einheimische« geworden sind.

Einen Punkt, der bei der Entstehung des arabisch-jüdischen

Konfliktes eine Rolle spielte, haben die Israelis inzwischen bis zu einem gewissen Grade widerlegt: In einer Untersuchung stellten die Engländer in den zwanziger Jahren fest, daß Palästina kaum noch Menschen aufnehmen könne, da es eine sehr viel größere Bevölkerung nicht zu ernähren imstande sei. Aber während 1948 nur 650 000 Menschen in dem damals kleineren Israel lebten, sind es heute drei Millionen, und ihr Lebensstandard ist der höchste des Orients. In bezug auf eine weitere unbegrenzte Aufnahme von Immigranten macht man sich in Israel aber wohl doch Illusionen, denn mit den jetzt erreichten 340 Einwohnern pro Quadratkilometer in den Siedlungsgebieten (also ohne den Negev), was der Bevölkerungsdichte der Niederlande entspricht, dürfte der Saturierungspunkt fast erreicht sein, vor allem wenn es eines Tages nicht mehr nur um das Überleben, sondern um das Leben gehen soll.

Die Israelis argumentieren: Die Palästinaflüchtlinge haben mehr als genug Platz in den arabischen Ländern, Lybien zum Beispiel hat ein akutes Unterbevölkerungsproblem. Israel ist nur ein winziger Teil inmitten des riesigen arabischen Gebietes zwischen Afrika und Asien. Warum also dieses Beharren auf der Rückkehr in ein Land, das jetzt den Israelis gehört?

Man hat schließlich in Deutschland nach 1945 mehrere Millionen Menschen umgesiedelt und diese Vertriebenen und Flüchtlinge innerhalb einer Generation in ihrer neuen Heimat absorbiert.

Das ist die praktischste Lösung aus israelischer Sicht.

Die praktischste Lösung aus der Sicht gemäßigter palästinensischer Araber ist die Umwandlung Israels in einen säkularisierten Staat, in dem Israelis und Araber gleichberechtigt nebeneinander leben.

Daß es dafür längst zu spät ist, wissen inzwischen jedoch alle. Der jüdische Staat Israel ist eine Tatsache, die nur Gewalt, also sein totaler Untergang, aus der Welt schaffen kann.

Mit dieser Feststellung werden viele Kontroversen akademisch, sie berühren nur noch die Vergangenheit, aber nicht mehr die Zukunft. Sie mögen diese Zukunft noch indirekt durch die dadurch auf beiden Seiten wachgerufenen Emotionen der Handelnden beeinflussen, von entscheidender

Bedeutung sind sie jedoch nicht mehr. Ob und wie lange und in welchem Ausmaß vor 3000 Jahren ein jüdischer Staat in Israel bestanden hat, ist angesichts der Tatsache, daß heute ein jüdischer Staat auf dem Gebiet Palästina besteht, nur noch von nebensächlicher Bedeutung, es sei denn, daß durch den Rückblick auf die Vergangenheit das Selbstbewußtsein der Israelis gestärkt wird. Auch die Herkunft eines Viertels der Bevölkerung aus Europa und Amerika spielt zunehmend keine Rolle mehr, da sie ja doch auf natürliche Weise aussterben. Der Zeitpunkt, zu dem nur noch in Israel geborene Juden in Israel leben, ist abzusehen und nicht sehr weit weg.

Dann aber werden viele Kampfparolen auf beiden Seiten ihren Sinn verlieren. Es muß jedem, auch dem optimistischsten Israeli klar sein, daß dieses Land im Falle einer neuen Verfolgung niemals alle 14 Millionen Juden in der Welt aufnehmen kann. Bei der Gründung Israels und der Rechtfertigung für die Landnahme war dies das wichtigste moralische Argument. Andererseits können die Araber nicht mehr behaupten, daß es sich bei den Israelis um Fremde handelt, die man dorthin zurückschikken soll, wo sie hergekommen sind.

Im 13. Jahrhundert v. Chr. wanderten die Israeliten der Bibel in Palästina ein. Im 8. Jahrhundert n. Chr. eroberten die Araber das Land. Im 20. Jahrhundert n. Chr. kehrten die Juden in das Land ihrer Väter zurück, in dem jetzt die Araber lebten: Hinter diesen banalen Daten und Fakten verbergen sich eine Unmenge von Leid, Haß, Entbehrung, Verzweiflung und Not. Wie oft man auch Ursache und Wirkung gegeneinander abzuwägen versucht, wie sehr man sich auch bemühen mag, die Wirklichkeit unter allen nur denkbaren Blickwinkeln zu betrachten, um allen Beteiligten gerecht zu werden: Solange irrationale Verhaltensweisen das Denken und Handeln der Betroffenen bestimmen, wird auch der Beobachter nur wechselnde subjektive Eindrücke vermitteln können. Angesichts der Lehmhütten in Jericho ahnte ich etwas von der Bitterkeit des Schicksals der arabischen Palästinenser, beim Lesen des Alten Testaments erkannte ich, wie tief verwurzelt dieses Volk in diesem Land ist, in Gesprächen mit alten und jungen Israelis erlebte ich, wie sehr sie dieses land liebten.

In Europa interessierte man sich nur wenig für solche letztlich doch emotional bestimmte Ansichten.

Meinen Freunden in Europa schienen die Dinge klar, einfach und übersichtlich zu sein. Es ging um Öl, Strategie, die Sowjetunion und Amerika. Aber während ich Israel selbst kennengelernt hatte und eine Zeitlang unter seinen Menschen gelebt habe, war ich, was Öl, Strategie, die Sowjetunion und Amerika anbetraf, auf die Hypothesen und Mitteilungen anderer angewiesen und mußte mich mit dem begnügen, was in den Zeitungen stand.

Bei den Vorbereitungen für die Produktion der *Quichotta* wurde mir jetzt noch einmal bestätigt, was ich bereits bei Ausbruch des Krieges empfunden hatte: wie sehr man Israel inzwischen in Europa abgeschrieben hatte. Israel: sein Glanz, sein Märchen waren weg. Hatten sich vorher die Korrespondenten nach Jerusalem gedrängt, so liebäugelten jetzt zumindest die ehrgeizigen unter ihnen mit Kairo, Damaskus oder sogar Er Rijad. Das Interesse hatte sich auf die arabischen Staaten verlagert, unter deren Sand das Öl floß. Die Verbindung Israel-Europa war geschichtlicher Natur, die Verbindung der Arabischen Staaten zu Europa betraf dagegen das Heute und vor allem das Morgen, betraf Arbeitsplätze und Autos, betraf Paris. Israel? Manchmal sprach man von Israel fast schon wie von einer Reliquie: als sei das ein Anachronismus. Hundert Millionen Araber mit Öl unter den Füßen ihrer Kamele oder den Rädern ihrer Landrover waren viel interessanter als drei Millionen Apfelsinen pflanzende Israelis.

So schnell geht das, aber wer alt genug ist, erinnert sich daran, wie häufig schon ähnliches geschehen ist.

Ich war ganz braungebrannt von den Tagen in der Wüste, als ich im November wiederkam, und konnte auch erzählen, wie schön Israel sei, besonders da, wo noch kaum Menschen wohnen. Vom Krieg selbst und von den Soldaten erzählte ich dagegen kaum etwas, denn in Europa war man ja ganz und gar mit sich selbst beschäftigt. Was sollte da ein Krieg, der weniger als zwanzig Tage gedauert hatte, in den Wüsten ausgetragen und dazu ohne greifbares Resultat? Der Krieg war nur interessant, solange er dauerte und man gespannt war, wie er ausgehen würde.

Jetzt aber wußte man, wie er ausgegangen war: Die Araber hatten ihn gewonnen, so geschickt hatten sie diesmal geplant und gehandelt, daß sich der *kleine Krieg* an den Grenzen Israels bis zum Polarkreis und nach Japan auswirkte, und zum Zorn über das Ölembargo trat zum erstenmal eine gewisse Bewunderung: Sie hatten sich den Israelis diesmal zumindest ebenbürtig erwiesen, und sie gehörten, zumindest für die nächsten dreißig Jahre, zu den reichsten Nationen der Welt. Viel mehr als Tapferkeit und Tod in der Wüste hatte das Aufdecken eines wirtschaftlichen Tatbestandes diesmal das Blatt gewendet.

»Einen Film in Israel wollen Sie drehen?« fragte man mich in Europa. »Ausgerechnet in Israel?« »Ach so, ja, weil es dort jetzt gerade so billig ist nach dem verlorenen Krieg...«

Aber in Israel hatte im November noch kein Mensch von einem verlorenen Krieg gesprochen. Stand nicht eine israelische Armee in Ägypten? Hatten sich nicht israelische Soldaten auf syrischem Boden eingegraben? Wo und wie war denn dieser Krieg verloren?

Vielleicht war er deshalb verloren, weil man in Europa und anderswo die Sache der Israelis aufgegeben hatte. Gewiß, natürlich, nie würde man die totale Vernichtung dieses kleinen tapferen Volkes zulassen, auch schon aus strategischen Gründen nicht und um nicht das Gesicht vor den Sowjets zu verlieren und um überhaupt das Gesicht nicht zu verlieren, aber immerhin war jetzt der eigentliche Krieg vorüber und man konnte endlich guten Gewissens mit den Waffenlieferungen an die arabischen Länder beginnen. Kanonen in Friedenszeiten sind ja nicht dasselbe wie Kanonen in Kriegszeiten, und elektronische Zielgeräte sind sowieso keine Kanonen, und Schiffe ohne Kanonen sind keine Kriegsschiffe, und Flugzeuge ohne Raketen kann man immerhin als Ausbildungsmaschinen bezeichnen. Man hatte die Fassung wiedergewonnen in Europa, nicht ganz, aber doch ausreichend genug, um nicht sofort vom Seil herunterzufallen.

18. Kapitel
Die Geburt der Quichotta

Als ich zum zweiten Mal nach Israel flog, hatten gerade Terroristen einige Tage zuvor wieder in Rom ein Blutbad angerichtet. Die El Al informierte deshalb ihre Fluggäste, daß sie zwei Stunden vor dem Abflug in Riem auf dem Flughafen sein sollten. Dort schickte man uns zu einem separaten Gebäude, und hier wurden wir vier verschiedenen Kontrollen unterzogen, teils von der deutschen Polizei, teils vom israelischen Sicherheitsdienst. Es war eine Woche vor Weihnachten, der traditionellen christlichen Pilgerzeit für Bethlehem und die anderen Wallfahrtsstätten des Heiligen Landes. Wie christliche Pilger sahen die anderen Fluggäste nicht gerade aus, eher wie Menschen, die ans Meer in den Urlaub fahren oder aus geschäftlichen Gründen verreisen. Badeanzüge kamen jedenfalls bei der Gepäckkontrolle aus fast allen Koffern zum Vorschein.

Einer fuhr nach Israel, um eine Bibliothek zu kaufen. Als ich ihn reden hörte, fiel mir der Mann aus dem Vatikan wieder ein. Ich hatte ihn gleich nach dem Krieg in Jerusalem kennengelernt und mit ihm zusammen mehrere Flaschen weißen Avdat getrunken. Er war der Verbindungsmann eines europäischen Staates zum Vatikan, und dies war sein letzter offizieller Auftrag. Vielleicht hatte seine Schwäche für eine satirische Art der Betrachtung das Ende seiner vielversprechenden Karriere bewirkt, vielleicht wollte er auch selber nicht mehr in dieser Atmosphäre leben. Auf jeden Fall gehörte er jetzt noch zur Hierarchie, wußte aber, daß diese Zeit bald vorbei sein würde. Das verschafft einem Mann nicht selten eine ganz besondere Art von innerer Freiheit.

Er wohnte in einem Nonnenkloster, und von ihm erfuhr ich auch, daß es in Jerusalem doppelt so viele Nonnen als Mönche gibt. In manchen berühmten Klöstern sind es allerdings nur noch drei oder fünf oder zehn, und sie sind häufig uralt: Aber sie haben doch während der schlimmen Zeiten und Kriege ausgehalten.

Dem Mann ging es ausschließlich um Geschäfte, er hatte den Auftrag, das Geld einiger Klöster sicher anzulegen, weil man von der Überzeugung ausging, daß es in Kürze wohl kaum noch etwas wert sein würde. Er arrangierte deshalb für diese Klöster und Institute den Kauf von Land und von Häusern, hauptsächlich aber von Land. In weltlichen Dingen oft gänzlich unerfahren, hatten die frommen Schwestern und Brüder nicht selten die finanziellen Angelegenheiten vertrauensvoll in die Hände von christlichen armenischen Anwälten und Notaren gelegt, die man zu den gerissensten der ganzen Welt zählt. Es galt also, vieles aufzuklären und zu entscheiden. Das schwierigste Problem war, daß Mönche und Nonnen vieler Orden keinen weltlichen Besitz haben dürfen: Sie können für materielle Dinge nur treuhänderisch tätig sein. Es war deshalb nicht einfach, aus rein spekulativen Gründen von den Spenden der Gläubigen Grundstücke zu kaufen: jedenfalls nicht in Jerusalem. Was jedem bayerischen Benediktinerabt sofort einleuchten würde, bedarf hier langwieriger diplomatischer Vorbereitungen.

Auf jeden Fall erfuhr ich nun zum erstenmal etwas über das unglaubliche Labyrinth der christlichen Institutionen im Heiligen Land. Auf keinem anderen Flecken Erde sind so viele Varianten des christlichen Glaubens auf so engem Raum vertreten wie in Jerusalem. Dort, schien es mir bald, muß beinahe jeder Christ einer anderen Kirche angehören. Äußerlich dominieren, schon wegen ihrer besonderen Tracht, die Armenier. Sie haben auch ein eigenes Viertel innerhalb der Altstadt von Jerusalem. Mönche sah ich selten und Nonnen nur beim Einkaufen. Die meisten Christen in Israel sind Araber. Sie haben, Männer wie Frauen, eine ungewöhnlich gute Schulbildung genossen. Ihre Berufschancen danach sind aber gleich null: Bei den Muslims gelten sie als schlechte Araber, bei den Juden sind sie eben Araber. Einige meiner besten Freunde in Jerusalem sind christliche Araber: Wanderer zwischen drei Welten.

An diesen Mann also, der gleich nach dem Jom-Kippur-Krieg in Jerusalem das Geld von Klöstern in Grundstücken und Häusern anlegte, mußte ich denken, als ich jenen anderen ins Flugzeug steigen sah, der ins Gelobte Land fuhr, um eine große Bibliothek zu kaufen. Wie sich doch die Zeiten nach dem Ende von Kriegen auf der ganzen Welt gleichen.

Noch während des Fluges kam ich auf den Gedanken, mich während meines zweiten Aufenthalts in Israel mehr mit den Christen in Jerusalem zu beschäftigen. Die Nonnen und Mönche von Jerusalem erinnerten mich in irgendeiner Weise an den dürren spanischen Edelmann, der mit eingelegter rostiger Lanze gegen die Windmühlenflügel ritt.

Diesmal war der Flug viel kürzer, ohne Umwege, diesmal flogen wir auch nicht zu dritt durch den Himmel, sondern allein: Der Krieg war zu Ende. Auf einem Zettel machte ich über den Inseln Griechenlands die erste Rollenliste für die *Quichotta* fertig, schrieb zum erstenmal die möglichen Drehorte auf: Tel Aviv, Jerusalem, Jericho, Totes Meer, Berge von Juda, Golf von Akaba, Wüste Negev. Treffen wollten wir uns in Eilat, wohin die Moses-Film-Produktion inzwischen umgezogen war. Dort sollten auch die Dialoge geschrieben werden.

19. Kapitel
Fahrt nach Eilat

Wir waren mit vier Stunden Verspätung in Riem abgeflogen und kamen erst kurz vor Mitternacht in Lod an: Der Flughafen war diesmal ganz leer, niemand stand hinter der großen Glasscheibe und winkte wie während des Krieges. Eine Mauer aus Gesichtern, die sich so unsäglich gefreut hatten, werde ich wohl niemals mehr sehen.

Weil es nun mit der *Quichotta* ernst wurde, hatte ich diesmal ein Auto gemietet, einen japanischen Subaro, dessen Stoßdämpfern man es anmerkte, daß er schon in der Wüste gewesen war. Das Mädchen von Hertz fragte ich nach dem Weg nach Eilat.

»Nach Eilat? Aber doch jetzt nicht mehr! In der Nacht ist es viel zu gefährlich. Außerdem ist es hinter Beerscheva verboten, durch die Wüste darf nachts niemand allein fahren.«

Ich fragte: »Und wie fährt man?«

Sie zeigte es mir auf einer kleinen Karte. Schwierig war es wirklich nicht, den Weg zu finden. Ein junger Mann kam dazu, er holte das Mädchen ab. Seine Eltern lebten in Beerscheva. Er machte mir auf der Karte kleine Pfeile neben die Straßen, damit ich mich nicht verfahren konnte, er ahnte offensichtlich schon, daß ich nicht bis zum Morgen warten würde.

Die Straße von Lod nach Süden war fast leer, und als ich dann nach links in Richtung auf die Wüste abgebogen war, sah ich niemanden mehr. Der Subaro verbrauchte sehr wenig Benzin, ich brauchte mir also wegen der Tankstellen keine Sorgen zu machen. Dann war ich aber plötzlich so müde, daß ich den Wagen neben der Straße abstellte und einschlief. Nach einiger Zeit wachte ich von der Kälte auf: Ich hatte vergessen, daß es in der Wüste am Tag heißer, in der Nacht aber kälter ist als an der Küste. Ich mußte weiterfahren, um mich im Wagen wieder zu erwärmen.

Von Beerscheva hatte ich romantische Vorstellungen. Ich dachte an Beduinen, Kamelmarkt und einen Hauch von Orient: Jetzt sah es aus wie die Einfahrt von München vom Norden her. An einer Tankstelle schlief ich wieder eine Stunde: Sie war ganz hell erleuchtet, die Straßen aber noch menschenleer.

Dann fuhr ich weiter: aus der Stadt in die Negev-Wüste. Weit und breit war kein Mensch zu sehen. Plötzlich zeichnete sich ein großes Gebäude vor dem Himmel ab, mehrere Gebäude: Es sah aus wie eine riesige Moschee mit einer runden Kuppel, mitten im Nichts, mitten in der Wüste. Vielleicht träumte ich nur? Unter einem großen Schild hielt ich den Wagen an. Es zeigte in Richtung der Fata Morgana. *Atomforschungszentrum Negev* stand darauf, nichts weiter. Ein Garchinger Ei in der Wüste ...

Links von der Kuppel standen Fabrikgebäude, die Luft war mit beißendem Gestank erfüllt. Vielleicht war es das, was auf der Karte *Arad Integrierte Chemische Industrien* hieß? Hier wird hauptsächlich verarbeitet, was aus dem Toten Meer an Schätzen geborgen wird.

Auf dem nächsten Schild stand »Sedom« (links) und »Eilat« (rechts): Ich hatte nach den steilen Serpentinen, die vom Plateau zu dem Grabeneinbruch zwischen den Bergen führen, die fast kerzengerade Straße zwischen dem Toten Meer und dem Golf von Akaba erreicht, die von der Grenze Jordaniens oft nur einige Meter weit entfernt ist. Aber von Krieg und Soldaten war nirgendwo etwas zu sehen, weder hüben noch drüben. Wieder war es vollkommen still, als ich den Wagen anhielt. Mit der Sonne kam endlich die Wärme, ich zog den Mantel aus.

Links und rechts der Straße war eine breite Bahn im Gelände aufgerauht, als sei ein Bauer mit einer Riesenegge darübergefahren. Ab und zu sah ich einen einsamen Soldaten oder Offizier sehr schnell diese aufgerauhten Bahnen entlanggehen, den Kopf nach unten geneigt, den Blick fest auf die Erde gerichtet. Die meisten schienen unbewaffnet zu sein. Nur einer trug eine Pistole in der Hand. Ich fuhr noch an mindestens einem Dutzend solcher schnell neben der Straße entlanglaufender Soldaten vorüber. In Eilat erzählte man später, die Soldaten seien Spurenleser, die im frisch aufgerauhten Boden jeden Morgen nach Fußabdrücken von Menschen, Tieren oder Fahrzeugen suchen.

Ich überholte einen Konvoi von Lastwagen, wurde selbst von einem feuerroten Porsche mit einer deutschen Nummer überholt. Nachts hält die Polizei an beiden Enden dieser Straße alle einzelnen Wagen an: Sie müssen warten, bis es mindestens drei sind. Die Berge wichen immer weiter zurück, die Talsohle weitete sich. In einem Kibbuz stand eine Herde Holsteiner Kühe und wartete darauf, gemolken zu werden. Bis auf die Spurenleser hatte ich auf der ganzen Strecke keine Soldaten gesehen, keine Geschütze, keine Panzer, nichts verriet, daß nur einige Schritte weiter nach links eine Grenze zwischen Feinden verlief, und auch auf der jordanischen Seite war nichts zu erkennen, was auf Menschen schließen ließ.

In einer Tankstelle mit einem schmutzigen Café ließ ich den Tank auffüllen.

»Nach Eilat? Noch eine Stunde ungefähr…«

Aus den Bergen stieß eine schwarze Rauchwolke in den Himmel: die Bergwerke. Nicht weit davon, das war auf der Karte verzeichnet, standen Salomos Säulen. Zu Salomos Zeiten soll es einen regen Schiffsverkehr mit Erzen im Golf von Akaba gegeben haben.

Wieder lief ein Spurensucher neben der Straße her. Ich sehnte mich nach einem Bett in Eilat, schließlich hatte ich seit München nicht geschlafen, hatte in München noch gefroren und dann in der Wüste wieder. Jetzt war es heiß, die Sonne brannte auf das leere Tal, auf die Berge, die sich aus der Unendlichkeit hinter mir in einer Unendlichkeit vor mir auszudehnen schienen und nirgendwo aufhörten: zwei Reihen Berge von Jericho bis an das Ende der Welt.

Dann ein Schild am Straßenrand, neu gemalt. Es zeigte auf eine Spur im Sand, die nach rechts abzweigte. »Moses« stand darauf.

Einige Minuten später begegnete ich dem ersten der kleinen grauen Dieselbusse, auf die man im Krieg die italienische Flagge gemalt hatte. Das Filmteam fuhr zur Arbeit in die Berge. Ich winkte aus dem Fenster, als sie mich erkannten, winkten sie zurück und blinkten mit den Scheinwerfern. Im Rückspiegel beobachtete ich, wie sie weit hinten an dem Schild in die Wüste einbogen.

Jetzt tauchten auch die ersten Zäune auf. In die Hügel neben der Straße waren Höhlen eingegraben. Ich sah Militärzelte, Lastwagen, Bulldozer: Hier, kurz vor Eilat, sah es wieder mehr nach Krieg aus.

An der Tankstelle vor der Stadt warteten Soldaten, die nach Beerscheva oder Jerusalem zur Freundin, nach Hause oder nur zum nächsten Lager wollten: Es war ihnen nicht anzusehen, denn sie hatten, wie üblich, außer der Maschinenpistole kaum etwas bei sich.

Das muß, dachte ich, die beweglichste Armee der ganzen Welt sein.

Eilat ist wie ein Pilz nach dem Regen gewachsen: über Nacht. Es wird zwar schon in der Bibel erwähnt, aber das kann auch Akaba gewesen sein, denn zwei Häfen, zwei Städte gibt es ja erst, seit es hier zwei Staaten gibt, seit Tal und Golf geteilt wurden.

Akaba hat Saudi-Arabien den Jordaniern geschenkt, weil sie sonst keinen Zugang zum Meer gehabt hätten. Eilat haben die Israelis gebaut.

Ich fuhr am Flugplatz entlang: Fast jeder, der nach Eilat kommt, fliegt. Wer fährt auch gern stundenlang auf einer Straße durch die Wüste, an deren Rand die Grenze verläuft. Bis 1967 hörte Israel hier auf. Und dann eroberten die Israelis das Gebiet zwischen Eilat und dem Suezkanal. Sie verlängerten die Straße um einige hundert Kilometer nach Süden an der Küste entlang, vorbei an der Ruine einer Kreuzfahrer-Festung auf einer Koralleninsel, durch die bizarren Berge der Sinaihalbinsel. Trotzdem ist Eilat Grenzstadt geblieben: Zum Greifen nahe auf der anderen Seite der Bucht liegt Akaba. Wer als Ausländer oder »Westuferaraber« von Eilat nach Akaba will, muß nach Jericho zurückfahren, überquert dort den Jordan, fährt zunächst nach Amman und schließlich auf der anderen Seite der Grenze einige hundert Kilometer nach Süden: Dann ist man in Akaba, drei Kilometer von Eilat entfernt.

Gleich hinter dem Flugplatz biegt eine noch nicht fertiggebaute Straße zu den Hotels von Eilat ab, die am Strand herumstehen, als warteten sie noch darauf, einen endgültigen Platz angewiesen zu bekommen.

Es ist bedrückend, so viel Häßlichkeit an einem so schönen Ort der Welt zu sehen. Dann denke ich an Tel Aviv, an das neue Jerusalem, und bin nur noch traurig.

Was ist eigentlich in die Israelis gefahren, daß sie das kaputtmachen, was ihnen ihr Gott beschert hat? Ich vergaß für einen Augenblick, daß sie in den letzten 25 Jahren wenig Zeit, Geld und Gelegenheit hatten, um zwischen vier Kriegen auch noch eine dem Auge wohlgefällige Architektur und Stadtplanung zu entwickeln. Eilat wirkt wie eine Goldgräberstadt: die Hotels unten am Strand, die Stadt am Abhang der Berge, die Häuser schnell gebaut, manche erst halbfertig. Wo die Hotels am Strand aufhören, beginnt der Hafen. Von ihm aus führt eine Ölleitung quer durch Israel auf die andere Seite bis zur Küste des Mittelmeers. Als ich zum Hotel Neptune einbog, lagen vier Schiffe im Hafen.

Im Hotel saß Burt Lancaster beim Frühstück, vor sich das Drehbuch. Er freute sich, daß ich wiedergekommen war und erzählte mir, was sich inzwischen beim Drehen ereignet hatte. Ich hatte eine Menge Zeitungen aus Europa mitgebracht und gab ihm die Hälfte ab.

Im Hotel Neptune haben alle Zimmer einen Balkon zum Meer hinaus. Im Meer sah man vereinzelt Badende. Die Sonne brannte, es war eine Woche vor Weihnachten. Fast war es wie im Paradies – ein Paradies mit Hölle. Die Israelis lieben den Lärm. Unten am Strand von Eilat standen zwei kleine Restaurants. Jedes hat eine Musikbox mit einer Lautsprecheranlage. Beide dröhnten. Ich hatte den Eindruck, daß jedes der beiden Restaurants seinen ganzen Ehrgeiz daransetzte, lauter zu sein als das andere. Das fing früh um neun Uhr an und hörte erst auf, wenn es ganz dunkel war. Ich trat auf meinen Balkon hinaus, war überwältigt von der Schönheit der vor mir liegenden Bucht und wurde vom Geplärr der Lautsprecher fast erschlagen. Es mußte sicher noch in Akaba zu hören sein.

Im Hotel Neptune durften sich, wie in allen Hotels in Eilat, die Soldaten der Umgebung kostenlos duschen. Wie in Aschkelon vermischten sich hier Krieg und Frieden, saßen am selben Tisch in der Bar, liefen durch das Foyer: die Gäste in ihren Bademänteln, die Soldaten mit den Maschinenpistolen in der Hand: Sie wirkten sehr müde, sahen noch müder aus als die anderen in Aschkelon, die ihren Schock noch nicht überwunden hatten.

20. Kapitel
Soldaten

Soldaten gab es in Eilat sehr viele. Sie gruben sich in die Erde ein, stellten Zelte auf oder reparierten ihre Fahrzeuge. Auch auf dem kleinen Flugplatz, der jeden Tag von den Maschinen der Inlandfluggesellschaft angeflogen wurde, stiegen Soldaten aus den Maschinen. Drüben, auf der jordanischen Seite, soll es nicht weit von Akaba ebenfalls einen Flugplatz geben, aber wir sahen nie ein Flugzeug landen oder aufsteigen. Die israelischen Maschinen kamen pünktlich jeden Morgen, Mittag und Nachmittag von Norden her, sie schienen genau auf der Grenzlinie zu fliegen, machten dann eine Schleife über der Bucht und setzten vom Meer her zum Landen an.

Mehrmals erschienen auch Militärhubschrauber, denen Offiziere mit Aktentaschen entstiegen. Sie liefen eilig über den Flugplatz, während die Rotoren noch kreisten, oft waren sie nur kurze Zeit auf dem Flughafengelände, verhandelten mit anderen Offizieren und flogen zusammen mit anderen Offizieren bald wieder weg.

Gegenüber in Akaba schien sich nichts zu rühren. Auf drei Schiffe im Hafen von Eilat kam höchstens eins in Akaba.

Die Soldaten und Offiziere saßen abends in der Bar, manche gingen auch mit einem Mädchen zum Tanzen in einen der drei Nachtclubs.

»Eilat ist eine Westernstadt«, sagte einer, »so schnell hingestellt, so weit weg von jeder Zivilisation.« Er lachte. »Außerdem gibt es hier viele, die irgendeine Vergangenheit haben, im Gefängnis waren, Pleite gemacht haben oder einfach keine Lust mehr hatten. Jeder in Eilat ist anders, entweder sie spinnen oder sie verstecken sich oder sie haben schon mal gesessen. Aber deshalb ist es auch viel lustiger hier als sonst in Israel.«

Dem Vater des Mannes, der mir das erzählte, gehörte auf

Haiti jenes Hotel, über das Graham Greene sein berühmtestes Buch geschrieben hat: ein Hotel, das jeder, der das Buch gelesen hat, nie vergißt.

Die Atmosphäre von Eilat wirkte sich auch auf die Soldaten aus, die nicht aus Eilat waren, sondern aus Jerusalem, Teil Aviv, Haifa oder aus einem Kibbuz kamen. Sie benahmen sich hier noch weniger als Soldaten, und sie stellten sich hier noch mehr in Frage als anderswo.

Sie trinken hier mehr. Trotzdem habe ich nie einen von ihnen betrunken gesehen. Auch gehascht wurde viel in Eilat. Die Beduinen verkauften den Stoff, sie schmuggelten ihn offensichtlich über die jordanische Grenze.

Eilat hat einen besonderen Stellenwert im Bewußtsein der Israelis: Es ist nicht nur ein nützlicher Hafen für den Handel mit Afrika und Asien, nicht nur die Kopfstation der großen Ölleitung nach Aschdod, der Verladeplatz für die Düngemittel und Mineralien, die aus dem Toten Meer gewonnen werden. Eilat ist mehr: Es ist ein Symbol.

Umraschrasch hieß der Ort, als er noch den Ägyptern gehörte. Einen Hafen gab es nicht, denn Akaba genügte — warum auch zwei Häfen in einer Bucht?

Eine Verbindungsstraße von Norden her gab es auch nicht: Damals, am 10. März 1949, als israelische Truppen Umraschrasch besetzten und ihre selbstgebastelte Fahne mit dem Davidstern hißten. Die arabische Legion unter Glubb Pascha zog sich kampflos nach Akaba zurück. Schließlich hatten die Vereinten Nationen Eilat dem neuen jüdischen Staat zugesprochen, denn die Negev-Wüste ohne Eilat wäre wie eine Jacke mit zugenähten Ärmeln gewesen.

Der Golf von Akaba besitzt eine herrliche Unterwasserlandschaft. Durch den Glasboden der Spezialschiffe kann man in dem klaren, tiefblauen Wasser Korallen und tropische Fische in allen Farben beobachten. Hussein soll in friedlicheren Zeiten häufig auf der jordanischen Seite mit der Harpune zwischen den roten, grünen und weißen Korallen gejagt haben.

Aber Hussein kam jetzt nicht nach Akaba, und für die Boote gab es strikte Anweisungen, die Nähe der im Wasser verlaufenden Grenze zu meiden. Die Lage in Eilat war sehr gespannt. Man befürchtete Terroranschläge auf den Hafen und auf die Ölleitung. Deshalb saßen in Eilat und in den Bergen hinter Eilat die Soldaten in ihren Erdlöchern, bohrten die Pioniere Tunnel, trugen Hügelkuppen ab, legten Minen und errichteten dann Drahtzäune um die Minenfelder. Es sah alles sehr unordentlich und konfus aus, aber sie lachten nur, wenn wir ihnen das sagten: Das sei ja ihre Absicht, antworteten sie.

In den Zeitungen wurde jetzt über den Verlauf des Krieges diskutiert: Waren die israelischen Strategen tatsächlich die besten der Welt? Besaß Israel wirklich den besten Geheimdienst? Oder hatte man bis jetzt nur Glück gehabt und diesmal nicht mehr? Die Generäle und Politiker beteiligten sich an dieser öffentlichen Diskussion. Es wurden Vorwürfe laut, die Angegriffenen dementierten sie. Keiner sah so recht durch. In Eilat wirkten diese Auseinandersetzungen merkwürdig fremd, klangen wie gedämpft, von weit herkommend.

In der *Jerusalem Post* stand: Die Holländer, die während des Krieges mit ihren großen Lastwagen versucht hatten, den Hafen von Aschdod für die dringend benötigten Transporte freizumachen, erzählten: »Wir haben sie schrecklich gern, wir bereuen es nicht, daß wir hergekommen sind, sie sind alle wahnsinnig nett zu uns, aber ihre Arbeitsweise ist ein Alptraum: So eine Schlamperei.«

Wir verbrachten die Tage und Abende auf dem Balkon über dem Golf von Akaba und genossen die Aussicht. Auf der israelischen Seite bewegte sich immer irgend etwas, während Akaba zu schlafen schien. Bei uns lagen die Schiffe zuweilen auf der Reede, verschwanden dann für die ganze Nacht oder auch nur für Stunden, hatten manchmal Lichter und Scheinwerfer brennen, so daß sie wie Weihnachtsbäume aussahen, dann lagen sie wieder mit gelöschten Lichtern in der dunklen Bucht.

Die Motorboote führten nicht selten ein Ballett auf, tanzten Quadrillen, bis man sie am Horizont nur noch schemenhaft wahrnehmen konnte, stoppten dann, fuhren Schleifen, kreuzten sich, kehrten schließlich zum Hafen zurück.

Ich kann mich nicht daran erinnern, je ein jordanisches Boot in der Mitte der Bucht, nahe der unsichtbaren Grenze, gesehen zu haben.

Gefischt wurde auch, aber es sah nie so aus, als zögen die Männer Fische aus dem Wasser, und die Männer selbst sahen nicht wie Fischer aus. Aber wir konnten uns natürlich irren.

Wenn Israel alle Gebiete zurückgibt, die es 1967 im Sechs-Tage-Krieg besetzt hat, dann ist das natürlich für Eilat ganz besonders traurig: Dann wird nicht nur gegenüber von Eilat, sondern auch hinter der Stadt wieder eine Grenze sein, die niemand passieren darf. Den Israelis bleibt dann nur der Hafen und sonst nichts von einer der schönsten Küsten dieser Welt. Aber dieser Hafen gehört zum Märchen von der Wiederauferstehung des Reiches Israel.

Von hier hat König Salomo das in den Bergen gewonnene Gold verschifft und mit dem Erlös den Tempel in Jerusalem gebaut, das zentrale Heiligtum.

In Europa ist jetzt Winter, hinter Eilat leben die Soldaten in Zeltlagern, nur in der Nacht frieren manche. Ihre Schlafsäcke rollen sie tagsüber gegen die Zeltwand, neben den Schlafsäcken stehen die Kisten mit ihrer persönlichen Habe, dem einzigen, was sie aus dem Privatleben mit in den Krieg genommen haben. In diesen kleinen Kisten liegt nicht selten auch das Alte Testament. Wenn sie es herausholen, um darin zu lesen, küssen es auch die, die nicht mehr zur Synagoge gehen. Mehr denn je schienen sie jetzt darin zu lesen und nach einer Antwort auf die Frage zu suchen, was es bedeutet, ein Jude zu sein – nicht nur gestern und vorgestern, sondern vor allem übermorgen. Früher haben sie sich wohl nie sehr um das Übermorgen gekümmert. Ihr Bewußtsein war von der Vergangenheit und der Gegenwart geprägt.

Daß es auch ein Übermorgen gibt, hatten sie vergessen.

Von den Arabern sprachen sie ganz selten, am liebsten gar nicht. Sie konnten Saudi-Arabien, Akaba und die moabitischen Berge mit bloßem Auge sehen, aber sie taten oft so, als gebe es dort drüben keine Menschen, als stünden dort nur leere Häuser.

Doch Tag und Nacht beobachteten sie von ihren Unterständen und Erdlöchern, von Schiffen und Booten und mit ihren Flugzeugen die andere Seite, der sie am liebsten gar keinen Namen gegeben hätten, als eben diesen: *die andere Seite.*

21. Kapitel
Zwei Schüsse für jeden

Zwischen unserem Hotel und dem Meer lag der Strand, den ganzen Tag über badeten Touristen und Soldaten. Die Soldaten flirteten mit den Mädchen. Manchmal liefen sie auch nur den Strand entlang, immer die Maschinenpistole in der Hand oder im Arm, und manchmal setzten sie sich in eine der drei Kinderschaukeln. Dann schwangen sie langsam vor und zurück, den Mädchen entgegen, von den Mädchen weg, dem Strand entgegen, sahen nach den Mädchen oder machten die Augen zu. Merkwürdigerweise schienen sie desto müder zu werden, je länger der eigentliche Krieg zu Ende war.

Es war kurz vor Weihnachten. Jeden Morgen brachte das Flugzeug Belgier und Franzosen, junge Ehepaare mit ihren Kindern oder alte einzelne Frauen, die den ganzen Tag mit sich selber redeten. Viele kamen schon zum zweiten oder dritten Mal. Sie hatten sich an diese Goldgräberstadt mit den neuen Hotels gewöhnt und vielleicht sogar an den Lärm der zwei Lautsprecheranlagen, die von früh bis abends gegeneinander anspielten.

Aus der Ferne gefiel uns Akaba viel besser als Eilat: Es gehörte zur Landschaft, war in sie hineingewachsen. Von Eilat kann man das beim besten Willen nicht sagen. Eines Abends beschlossen wir, nach Akaba zu gehen, das heißt, so weit, wie wir durften.

Wir liefen die Strandpromenade entlang, vorbei an den Hotels, über eine neue Betonbrücke, hinter der ein Jachthafen entstehen sollte. Vorerst roch es dort noch nach Kloake.

Endlich erreichten wir einen Zaun, hinter dem einige strohgedeckte Hütten standen, die aber recht komfortabel aussahen. Am Eingang befand sich ein Café, in dem wir fragten, ob wir nach Akaba hinübergehen könnten, um dort Fisch zu essen: Sie lachten nur. Dann hob einer die Hand, krümmte den Zeigefinger und sagte: »Zwei Kugeln für jeden, und geredet wird vorher auch nicht.«

Wir bedankten uns und liefen weiter bis zum Zaun. Neben einer fast eingefallenen Hütte lag ein verrottetes Boot am Strand. Eine Straße mit Löchern führte auf Akaba zu: Man sah ihr an, daß es hier keinen Verkehr gab. Aber die ersten Häuser von Akaba waren zu Fuß in etwa zehn Minuten zu erreichen. Dann begann es dunkel zu werden und wir kehrten um. Auf dem Heimweg hielt ein kleiner Lastwagen mit Soldaten an.

»Wo wollen Sie denn hin?«

»Ach, wir wollten in Akaba Fisch essen.«

»In Akaba? Warum denn in Akaba? Sie essen doch in Eilat viel besser!«

»Nein, wir wollten heute orientalisch essen.«

»Das ist doch ein Drecknest.«

»Aber man hat uns in Jerusalem gesagt, in Akaba kann man sehr gut essen.«

»Danach werden Sie doch nur krank...«

»Dürfen wir denn nach Akaba?«

»Nein, da müssen Sie erst nach Zypern fliegen und von Zypern nach Amman. Dann können Sie nach Akaba.«

Sie sahen sehr ärgerlich aus. Weil es kalt wurde, hatte ich meinen arabischen Beduinenumhang angezogen; vielleicht gefiel er ihnen nicht.

Überall in Israel hatte ich gehört, daß man vom arabischen Essen krank würde und in den Restaurants Läuse bekäme. Diejenigen, die das erzählten, sagten es mit besorgten, ernsthaften Gesichtern. Wann wird man endlich begreifen und es auch zugeben, daß der Abstand zwischen Arabern und Israelis der gleichen sozialen Schicht geringer ist als der Unterschied zwischen den Armen und Reichen in beiden Völkern? Selten konnte ich mich mit einem Israeli darüber unterhalten, daß es im Mittelalter eine glänzende arabische Kultur gab, deren architektonische Zeugnisse doch in Jerusalem noch vor ihren Fenstern standen. Nie sprachen wir darüber, daß auch die arabischen Länder in der kurzen Zeit seit der Erlangung ihrer Unabhängigkeit echte Leistungen aufzuweisen hatten. Das Bild, das sich der Israeli vom Araber macht, orientiert sich an der sozialen Unterschicht. Diese ist gewiß zahlenmäßig größer als in Israel. Aber sagen Zahlen hier etwas über Menschen aus?

In Eilat selbst habe ich nie Araber gesehen. Doch die Beduinen ziehen mit ihren Herden durch die Wüste und die Berge hinter Eilat; Kamele, Schafe und Ziegen weiden in den Oasen, die nur ein Ortskundiger in den abgelegenen Schluchten finden kann. Beduinen gibt es seit Menschengedenken um Eilat.

Die Israelis und die Beduinen begegnen sich in diesem Grenzgebiet mit andauerndem Mißtrauen. Die hier herrschende Nervosität übertrug sich nach einer Weile auf jeden. Manche Gäste genossen diese Atmosphäre wie einen Krimi. Man erwartete dauernd, daß etwas in die Luft fliegen oder doch wenigstens eine Verfolgungsjagd auf dem Wasser stattfinden würde. Und eines abends bildeten wir uns ernsthaft ein, daß ein kleines U-Boot wie eine schwarze Zigarre aus dem Wasser aufgetaucht sei. Als wir es den Soldaten erzählten, lachten sie nur, sagten aber weder ja noch nein.

Trotz der unmittelbaren Nähe von Akaba fühlte ich mich hier viel weiter von den Arabern entfernt als an irgendeinem anderen Ort in Israel. Die Israelis schienen es anders zu empfinden. Obwohl keiner sein Unbehagen aussprach, gewann ich den Eindruck, daß die in Eilat wohnenden Menschen mitunter trotz der vielen Soldaten Angst hatten. Zu dünn ist die Linie, die es mit den dicht besiedelten Gebieten Israels verbindet, und dazwischen liegt eine große Wüste mit hohen Gebirgen. Wenn man von der alten, heute kaum noch befahrenen Straße durch den Negev absieht, dann verbindet nur die breite Straße zum Toten Meer Eilat mit Beerscheva und Jerusalem.

Eine Nabelschnur, die leicht zu durchtrennen ist.

Manchmal sahen wir mitten in der Nacht die Scheinwerfer von Autos auf der Straße von Saudi-Arabien nach Akaba und manchmal die von Autos, die aus Amman von den Bergen herunterkamen. Oft stellten die Fahrer ihre Scheinwerfer ab, bevor sie Akaba erreichten. Wir saßen stundenlang auf dem Balkon über der geteilten Bucht, über uns ein klarer mit

Sternen übersäter Himmel. Auch Weihnachten und Silvester, die hier ja nicht gefeiert wurden, verbrachten wir so. Und als zum Jahreswechsel ein kleiner belgischer Junge am Strand eine Rakete losließ, fuhren wir alle zusammen.

22. Kapitel
Die Konferenzkugel

Man lebte in Eilat wie auf einer Insel. Jeden Tag traf man sich auf dem Flughafen, um die neuesten Zeitungen abzuholen. Es gab nicht nur die *Jerusalem Post*, sondern auch die *Süddeutsche Zeitung*, den *Spiegel* und den *Stern*, die *Sunday Times*, *Paris Match* und wegen der Italiener von der Film-Produktion *Corriere della Serra* und *Il Giorno*. Der Flugplatz und das kleine Flughafengebäude waren anfangs kaum bewacht, aber im Laufe der Zeit wurden die Sicherheitsvorkehrungen immer mehr verstärkt. Als ein neues Eisengitter am Eingang festgeschweißt wurde, gab es eine laute Fehlzündung: Die Frau am Kiosk, die mir gerade Wechselgeld gab, ließ sich beim Zählen nicht stören, sie redete weiter, als sei nichts geschehen. Aber über die Lautsprecheranlage hörte man eine aufgeregte Stimme, und es wurde Alarm ausgelöst – bis man den Schweißer sah, der abwinkte und lachte.

Manchmal saßen zwei Soldaten, die wir inzwischen kannten, auf dem Balkon. Der eine trug trotz der großen Hitze, die tagsüber herrschte, eine blaue Pudelmütze. Während wir auf den Golf und die Berge sahen, zog er es vor, ihnen den Rücken zuzukehren.

Er war angehender Diplomat, der andere Garagenbesitzer. Der Diplomat glaubte an die Macht. Er war davon überzeugt, daß der israelisch-arabische Konflikt nur dann gelöst werden könne, wenn Israel den Arabern gegenüber militärisch überlegen bleibe. Der Garagenbesitzer sagte: »Ich schieße auf keinen mehr.« Manchmal gerieten sie darüber in Streit. Sie kannten sich schon lange. Schon während des Sechs-Tage-Krieges hatten sie in der gleichen Einheit zusammen gekämpft. Ihr Hauptmann war erst 24 Jahre alt, aber sie nannten ihn Daddy. Jeder hatte drei Jahre Wehrpflicht hinter sich und dann die beiden Kriege. Jeder war an mehreren Waffen ausgebildet, die beiden konnten auch Panzer fahren und andere Kriegsgeräte bedienen: Trotzdem waren sie Spezialisten auf einem bestimmten Gebiet. Sie erzählten uns natürlich nicht, worum es sich handelte. Erst kurz zuvor waren sie von den Golanhöhen nach Eilat versetzt worden und freuten sich darüber, denn hier war es warm.

Sie wollten nicht über Probleme nachdenken, für die sie doch keine Lösung fanden. Der eine nahm wohl auch Hasch, was der andere scharf verurteilte, da es die Kampfbereitschaft schwer beeinträchtige und damit auch das eigene Leben gefährde. Der angehende Diplomat, der so argumentierte, wollte nur leben, dafür war er merkwürdigerweise auch bereit, zu sterben.

Über Kissinger machten sie sich manchmal lustig, und als wir ihnen von unserer Idee mit der Konferenzkugel erzählten, freuten sie sich diebisch und erfanden dauernd neue Varianten.

Das mit der Konferenzkugel war so: Wieder einmal stritt man sich über den Ort und über den Tisch für die Nahost-Konferenz in Genf. Wir hatten uns deshalb vorgenommen, in unserem Script Quichotta und Pansa an einer Konferenz teilnehmen zu lassen, zumindest sollten sie sie sehen können.

Dann hatten wir eine Idee: Die Konferenz sollte in einer großen durchsichtigen Kugel stattfinden, die über der Erde schwebte, wohin der Wind sie gerade tragen würde. Damit sei vollkommene Neutralität gewahrt, und außerdem könne man zum erstenmal eine Konferenz auch von unten betrachten.

Ich schrieb also auf einen DIN-A-5-Zettel »Konferenzkugel« und die Szenennummer und klebte ihn zwischen die anderen an die große Glaswand. Die Hälfte war jetzt schon von *Quichotta* besetzt, durch die andere sahen wir noch immer auf den Golf von Akaba und auf die Berge der Sinaiwüste.

»Wir wollen keine internationale Konferenz. Wir wollen mit den Arabern direkt verhandeln«, sagten die Soldaten. Und jedesmal, wenn sie es sagten, machten sie ganz böse Gesichter, wie Kinder, für die ihre Eltern keine Zeit haben.

Das ist ein israelischer Traum und ein israelisches Trauma zugleich. Seit einem halben Jahrhundert wollen die Juden mit den Arabern verhandeln und mit niemandem sonst.

Aber die Araber wollen nicht.

Sie lehnten direkte Gespräche schon 1917 ab, als sie von den

Engländern dazu aufgefordert wurden. Es gab für sie nichts zu verhandeln. Sie lehnten 1947 den Teilungsplan der Vereinten Nationen ab, der für den jüdischen Staat ein wesentlich kleineres Gebiet vorsah, als die israelischen Truppen 1948 dann eroberten. Vier Kriege hätten verhindert werden können, wenn Araber und Juden miteinander gesprochen hätten.

Auf den Landkarten der Araber existiert Israel nicht: nur Palästina.

Auf eine einzige Konferenz also warten sie alle in Israel: auf die, an der niemand am Tisch sitzt, außer sie selbst und die Araber.

Deshalb war so oft und so viel die Rede vom Zelt am Kilometerstein 101, wo die Ägypter mit den Israelis verhandelt hatten. Und wenn auch noch immer jemand dazwischen saß, weil im Niemandsland die UNO-Truppen den Schutz des Zeltes übernommen hatten: Es war für die Israelis ungeheuer wichtig.

Direkte Verhandlungen mit den Arabern würden die Anerkennung Israels als Staat bedeuten, sie hätten zur Folge, daß sein Existenzrecht nicht mehr in Frage gestellt werden könnte. Wie lange also werden die Araber die Existenz Israels noch ignorieren können? Und was gewinnen sie damit?

»Dann wird alles gut«, sagten die Israelis, »sobald wir erst einmal an einem Tisch sitzen.«

Wenn wir unseren israelischen Freunden von der Glas-Konferenzkugel erzählten, wie sie so mit Kissinger und seinen Gesprächspartnern über die Wüste schweben würde, warfen sie deshalb im Geiste alle hinaus, bis nur noch zwei übrig blieben: ein Araber und ein Israeli. Dann würden sie endlich ungestört erklären können, warum sie zurückkommen mußten. Und sie wollten ja ihre Hilfe anbieten, wollten Arabien in einen blühenden Garten verwandeln, es würde, müßte ja alles gut werden, denn die Araber würden ganz bestimmt einsehen, daß es nur so geht, daß das das Beste sei: miteinander zu reden und mit niemandem anders. Man war bereit, zu vergessen, die Toten, die Kriege, den Terror.

Manchmal tauchte bei solchen Gesprächen auch schon ein anderes Bild vom Araber auf, das Bild vom arabischen Nachbarn der Zukunft. Dann erinnerte man sich daran, daß die ersten

Einwanderer noch die Gastfreundschaft ihrer arabischen Mitbewohner genossen hatten, und mitunter war man sogar bereit, sich in deren Lage zu versetzen – und ihre Opfer zu sehen.

Aber es ist schwer für jeden Israeli, sich in die Rolle eines palästinensischen Arabers zu versetzen, der mit Kind und Kegel aus Jaffa geflohen ist. Es gelingt ihnen nur in seltenen Augenblicken.

23. Kapitel
Das Mondtal

Wann immer Moses ohne seine Schwester auskam, fuhren wir jetzt in die umliegende Gegend und suchten Drehorte für die *Quichotta.*

Eines Tages waren wir auf dem Weg zum Tal der Inschriften: Die Straße führt aus Eilat in die Berge, an einem Militärlager vorbei und dann auf ein Hochplateau, das Mondtal genannt wird, denn es ist noch einmal von Bergen umgeben, sozusagen eine zweite Etage.

Das Gestein der Wüste ist hier schwarz und glitzert in der brennenden Sonne. Mosche Dajan schreibt in seinem Tagebuch des Sinai-Feldzuges von 1956: »Der Negev ist neu für diese Brigade. Ich kenne das Gefühl... es kam mir eine Weile lang vor, als würde ich in einer Art neuen Welt leben... ich mußte vieles über Bord werfen. Entfernungsschätzungen, Orientierung, Erkennen von bestimmten Gebieten – alles war hier anders. Ich mußte von Grund auf neu lernen, mußte mich an Entfernungen gewöhnen, die von keinem einzigen Baum unterbrochen wurden und von keinem Haus, an flache Ebenen aus schwarzem Flint, die aussahen wie verbrannte Felder...«

Wir fuhren also durch den glitzernden scharzen Flint auf einer guten kerzengeraden Straße und suchten nach der Abzweigung in das Tal der Inschriften. Plötzlich erhoben sich neben uns heulend Phantomjäger, einer – zwei – drei – und entschwebten nach Südwesten. Wir fuhren jetzt an einem Militärflugplatz entlang und begannen, uns unbehaglich zu fühlen, aber niemand hielt uns an.

Die Berge steigen hier plötzlich und ohne jeden Übergang aus der schwarzen Hochebene: wie die griechischen Inseln aus dem Meer.

Auf einigen schienen Radarstationen zu stehen oder Beobachtungsstationen mit großen Antennen. Manchmal waren es anscheinend nur Zelte oder Unterstände, auf jeden Fall hatte ich den Eindruck, daß wir die ganze Zeit genau beobachtet wurden.

Umkehren schien uns noch dümmer als weiterfahren. Also fuhren wir weiter, immer am Flugplatz vorbei, auf dem jetzt eine Maschine landete.

Dann hing quer über der Straße eine eiserne Kette, wir mußten anhalten. Aus einer Hütte kamen Soldaten. Sie sprachen nur hebräisch, wir probierten alle Sprachen, deren wir mächtig waren, an ihnen aus – ohne Glück. Besorgt sahen sie auf uns, dann auf das Auto, dann auf die Landkarten im Auto. Schließlich holten die Soldaten einen Mann in Zivil, der englisch sprach.

»Wir suchen nach dem Tal der Inschriften.«

»Da sind Sie aber ganz falsch. Da sind Sie ja vorbeigefahren.«

»So?«

»Ja.«

»Dann müssen wir wieder zurück?«

»Sie müssen auf jeden Fall zurück ... Sie dürften hier gar nicht sein.«

»Niemand hat uns angehalten.«

»Also, Sie müssen umkehren. Haben Sie photographiert?«

»Wir haben gar keine Photoapparate.«

Wir holten, ohne erst zu fragen, die Karten aus dem Auto und breiteten sie auf dem Kühler aus.

»Können Sie uns denn sagen, wie es zum Tal der Inschriften geht?«

Der Mann holte tief Luft und überlegte offensichtlich angestrengt, was er jetzt tun müsse. Wir fuhren mit den Fingern auf der Karte herum, immer die Straße entlang, die wir gekommen waren.

»Wo hätten wir denn abbiegen sollen?«

»Wer hat Ihnen eigentlich gesagt, daß Sie hierherkommen dürfen?«

»Der Manager vom Hotel Neptune.«

»Ach so.«

Jetzt ging es ihm besser. Er zeigte uns die Abzweigung auf der Karte, und dann erzählte er vom Roten Tal, das noch schöner sei. Leider könne man aber nur mit einem Jeep dorthin gelangen. Die Abzweigung lag der anderen direkt gegenüber, und wir markierten sie mit einem kleinen Pfeil. Der Mann: »Aber das ist mitten in der Wüste, da kommt man höchstens mit dem Jeep hin.«

Wir drehten den kleinen Subara und fuhren zurück. Als wir zur Abzweigung kamen, fragte ich: »Soll ich?« Wir lachten beide, während wir in die Wüste einbogen.

Es war wie auf dem Mond, der Boden so weich, daß wir nicht mehr anhalten konnten: Der Wagen wäre sofort versackt. Wir fuhren immer den Spuren nach und versuchten, uns für den Rückweg die Berge zu merken, an denen wir vorbeifuhren.

Nach einer Weile erreichten wir eine Art Straße, auf der eine leere Benzintonne stand, die man weiß angestrichen hatte. Zu beiden Seiten der Straße war der Boden frisch aufgerauht wie entlang der Straße vom Toten Meer nach Eilat, aber wir sahen keine Spurenleser: weder Mensch noch Tier, noch Pflanze. Trotzdem waren wir sicher, daß wir von irgendwoher die ganze Zeit beobachtet wurden – aber wir waren eher froh darüber. Falls wir steckenblieben, würde uns schon jemand herausholen.

Es ging hügelauf, hügelab, über den Mond, wir suchten das Rote Tal und hatten beide das Gefühl: Gleich hinter dem nächsten Buckel liegt eine große Stadt.

Dann erreichten wir das Tal, einen kleinen Felsencanyon aus rotem Felsen, in dem auch einige Bäume standen. Wir hielten den Wagen an und untersuchten die Spuren: Kamele, Schafe, Ziegen. Schuhabdrücke fanden wir nicht. Es war vollkommen still.

Und dann, auf dem Rückweg, hielten wir plötzlich den Wagen an.

»Hast Du die Kamelherde gesehen?«

»Welche Kamelherde?«

»Na, die große Kamelherde dort rechts?«

»Du träumst.«

»Nein«.

Wir stiegen aus und beobachteten die Wüste.

»Da!!«

Und wirklich zogen eine große Kamelherde und mindestens fünfzig schwarze Ziegen nicht weiter als dreihundert Meter von uns entfernt durch die schwarze Mondwüste. Aber in dem Augenblick, als wir sie entdeckten, waren sie auch schon wieder verschwunden. Wie Geister: achtzig oder vielleicht auch hundert Tiere. Menschen sahen wir überhaupt keine.

Noch einige Male sahen wir die Herden, sie schienen ganz nah zu sein und verschwanden doch immer sofort wieder vom Erdboden.

Als wir abends im Hotel unsere Geschichte den Soldaten erzählten, lachten sie nicht. Zunächst glaubten sie uns nicht, daß es uns gelungen war, mit dem kleinen japanischen Auto die Wüste bis zum Roten Tal zu durchqueren. Dann ging einer weg, um zu telefonieren. Als er wiederkam, sagte er: »Es stimmt, sie sind dort gewesen.« Sie hielten uns jetzt für bodenlos leichtsinnig.

Am nächsten Tag fuhren wir, ausgerüstet mit einer kleinen Zeichnung, wieder in die Wüste, um jetzt endlich das Tal der Inschriften zu finden. Diesmal bemerkten wir eine ganz neue Straße, die oberhalb von Eilat geradewegs in den Berg hineinführte.

Es war uns früher schon aufgefallen, daß neben einer bereits vorhandenen Straße oft eine neue gebaut wurde, offensichtlich für das Militär. Diese neuen Straßen verschwanden dann immer ganz plötzlich hinter einem Hügel oder einem Berg.

Wir fanden die Abzweigung: ein paar Spuren im Sand, sonst nichts. Als wir abbogen, kam uns ein Auto entgegen. Es war der Bruder von Moses, der englische Schauspieler Anthony Quayle mit seinem Sohn. Er hatte den drehfreien Tag benutzt, um sich das Tal der Inschriften anzusehen. Mit einem Blick auf mich sagte er, es sei sehr schwierig, man müsse über die Felsen klettern, in eine Schlucht einsteigen, und an einer Stelle sei es so eng, daß er kaum durchgekommen sei. Er sah mich offensichtlich schon im Geiste bis zum Jüngsten Tag zwischen den Felsen stecken.

Die beiden fuhren weiter, und wir folgten ihrer Spur in der umgekehrten Richtung. Auf einem Hügel hielt ich an.

Zwei schwarze Schatten tanzten über die Wüste, so schnell, daß es gar kein Mensch sein konnte, aber sie sahen einen Augenblick lang aus wie Menschen. Wir standen jetzt beide neben dem Wagen. Die Schatten kamen mal näher, mal schwebten sie von uns weg, und oft verschwanden sie, als habe sie die glitzernde Wüste verschluckt. Wir liefen den Schatten nach.

Schließlich stießen wir auf einen Steinkreis, daneben hing ein Stück Stoff auf einem Dornenbusch. Unter einem Baum stand ein alter hölzerner Kamelsattel. Plötzlich standen zwei Beduinenfrauen zwischen einer Herde von Ziegen vor uns: Die Schatten. Als sie merkten, daß wir Frauen waren, blieben sie stehen, dann drehten sie sich um und gingen langsam weg. Wir sahen nun auch ihr Zelt an der Kurve des flachen Wadis, in dem wir entlanggingen.

Im Tal der Inschriften sind Menschen und Tiere im Fels eingeritzt: so wie Kinder Menschen und Tiere auf Mauern und an Wänden zeichnen, Strichmännchen und Strichkamele, die gerade aufstehen oder sich hinlegen. Plötzlich hörten wir den Lärm von Flugzeugen. Eine Staffel Phantomjäger donnerte über uns hinweg und war im nächsten Augenblick schon wieder verschwunden. Wir überlegten uns, ob der Krieg wohl wieder ausgebrochen war, wie es viele in Israel in diesen Tagen erwarteten.

Uralt heißt es in den Touristenführern, *uralt* sind die Karawanenwege durch die Wüste. Und in dem kleinen Wadi, zwischen den rosa Felsen, rasteten die Karawanen: Hier gab es Wasser, eine Quelle. Wenn man Zeit hatte, ritzte man etwas in den Felsen.

Waren das Juden? Waren das Araber?

Am Abend sagten die Soldaten (und sie meinten die beiden Beduinenfrauen): »Die dürfen sich da gar nicht aufhalten, so nahe am Flugplatz. Aber sie sind natürlich trotzdem dort, denn das ganze Gebiet gehört dem Stamm.« Eine auf den ersten Blick merkwürdige Vorstellung, daß Nomaden ein Gebiet gehört. Aber schon das Alte Testament kennt die Kämpfe nomadischer Sippen um Wasserstellen und Oasen. Dabei ging es oft genug um die nackte Existenz. Eine Sippe, die von ihrer Wasserstelle verdrängt wurde und keine neue fand, war verloren.

Von der Filmproduktion waren zwei auf Einladung des Kommandanten auf dem Flugplatz gewesen. Er hatte sie zum Mittagessen eingeladen. Sie erzählten uns, daß eine Staffel Phantomjäger dort stünde, startbereit, mit den Piloten in den Sitzen. Drüben über dem Kanal saßen vielleicht auch die Ägypter startbereit in ihren russischen Migs. Und dazwischen zogen die Beduinen in der Wüste hin und her mit ihren Kamelen, ihren Ziegen und Zelten: wie Schatten, wie die Wüste selbst, die sich dauernd verändert und die sich doch von allen Landschaften der Erde am wenigsten verändert hat.

24. Kapitel
Das Goldene Kalb

Wir hatten den ersten Entwurf von *Quichotta* fast fertig. In der Schluß-Szene war das ganze Tote Meer mit Flößen bedeckt, und auf jedem Floß drehte sich eine Windmühle.

Das war Quichottas Antwort auf die Energie-Krise.

Wir lasen jetzt viel in den Büchern, die wir uns inzwischen besorgt hatten. Dabei fiel uns auf, daß die Araber die Wüste lieben und besingen wie sie ist. Gerade jetzt gibt es auch eine Reformbewegung innerhalb des Islam, in der die Wüste als Ort der ungestörten Meditation und Rückbesinnung auf die wesentlichen Ideen des Korans eine große Rolle spielt.

Gadafi, der Präsident Libyens, so konnte man in den Zeitungen lesen, ziehe sich oft zu den Beduinen in die Wüste zurück und bliebe dort eine Zeitlang, um zu meditieren und über den weiteren Weg seines Landes nachzudenken.

Ganz anders die Israelis: Für sie ist die Wüste längst nicht mehr Ursprungsort, Heimat oder Refugium, sondern eine Aufgabe, die man sich gestellt hat.

In einem bekannten jiddischen Lied aus den Anfängen der Landnahme heißt es:

> Wir sind, wir sind, wir sind Pioniere
> auf brennenden Feldern,
> auf kahlen Feldern, die nichts tragen,
> die ersten, die ankommen
> wie Schwalben im Frühling
> wir glauben...
> wir werden die Felder
> mit goldenen Blüten bedecken...

Aus der Wüste einen Garten zu machen: Das ist ihr Traum. Die Wüste verwandeln. Das ist auch ihr Anspruch, ein Teil ihres Rechtes und ihrer Moral: Wir haben aus Israel einen Garten gemacht.

Sie möchten auch für die Araber die Wüste verwandeln. Sie wissen nicht, daß sie mit dieser Idee an tief verwurzelte Bindungen rühren.

Die Wüste ist zu groß und zu schön für die kleinen Worte, die uns heutzutage noch übriggeblieben sind. Aber es wird um sie gekämpft, und vielleicht ist eines Tages die Erde so voll von Menschen, daß auch wir in der Wüste leben müssen.

Die Dreharbeiten für den Moses-Film hatten einen neuen Höhepunkt erreicht: den Tanz um das Goldene Kalb. Das Team kampierte jetzt mit der ganzen Ausrüstung und den Statisten in einem grandiosen Tal südlich von Eilat: die Lastwagen, die Wohnwagen, die Kantine, der Generator, die Beduinen, die Kamele, Ziegen und Schafe. Die Hippies, die als Statisten mitwirkten, schliefen in den Höhlen im Fels und waren glücklich.

An einer Stelle hatte man einen hohen Steinhaufen errichtet, und oben auf dem Steinhaufen thronte das Goldene Kalb. Man sah ihm wirklich nicht an, daß es aus Gips und nur angemalt war. Im Gegenteil: Wenn man auf dem Sandweg zum Tal einbog und den hohen Felswänden näher kam, wurde man von der Szenerie fasziniert. Das Tal war voller Menschen, die herumliefen wie zu Mosis Zeiten, und die Ziegen sahen aus, als wären sie schon von den Erzvätern gemolken worden.

Manchmal wurde auch über Lautsprecher die für den Film komponierte Musik gespielt oder die Schreie und das Rufen der erregten Israeliten aufgenommen, dazu Tamburins, Hörner und rhythmisches Klatschen und die Glocken der Ziegen. Der Tanz um das Goldene Kalb war eine einzige ungeheure Aufregung, der sich niemand entziehen konnte, auch die nicht, die sonst über die biblischen Inszenierungen lachten.

Eine alte Beduinenfrau hatte ein kleines weißes Lamm neben sich, das ihr überallhin folgte, erst als man dann Mirjam steinigte und sie über die Felsen wegschleppte, rannte auch das weiße Lamm laut blökend hinterher. Mirjam schlug sich bei dieser Szene die Nase auf: Aber es wurde bis zum bitteren

Ende weitergedreht. Erst dann fuhr man sie ins Krankenhaus von Eilat.

Moses, der doch auch zu den großen Gottesmännern der Christen und Moslems gehört, Moses wird es so, wie es die Bibel erzählt, gar nicht gegeben haben, schrieb der während des Sechs-Tage-Krieges in Jerusalem verstorbene Professor Martin Noth.

Aber er mußte erfunden werden, um dem ersten Traum der Juden Gestalt zu verleihen. Außerdem respektierte man die Gesetze eher, die von oben her vermittelt werden, als die selbstgemachten. Man kann sie auch nicht mehr ändern, denn sie sind Gott-gegeben.

»Daß die alttestamentarische Überlieferung nachträglich den Verlauf der Dinge beim Werden der Gesamtheit Israel zu einfach gesehen hat, geht einmal aus der angeführten Tatsache hervor, daß die israelitischen Stämme gar nicht gleichzeitig auf dem Boden Palästinas seßhaft geworden sind, sondern ihre Landnahme nach einzelnen Angaben in der uns erhaltenen Überlieferung auf wenigstens zwei verschiedene Stadien zu verteilen ist...«

Moses, so hat also Professor Noth nachgewiesen, kann es so, wie er uns im Religionsunterricht vorgestellt wurde, gar nicht gegeben haben: Man mußte diesen Moses der Bibel erfinden, um aus der Geschichte der Stämme die Geschichte eines einzigen Volkes werden zu lassen: Überlieferungen der verschiedenen Stammes- und Sippenverbände *mußten* in eine einzige einmünden, die Gesetze der einzelnen *mußten* von Gott nur einem einzigen Auserwählten übergeben werden – und dieser Mann mußte natürlich auch eine besondere Kindheit gehabt haben: Der ausgesetzte Säugling wurde im Schilf gefunden, wuchs am Hofe des Pharao auf, erschlug einen Ägypter und führte sein Volk schließlich in die Freiheit – und in das Gelobte Land.

Aber erst nach vielen Prüfungen.

Und weil diese Prüfungen so anstrengend sind und die Einhaltung der Gebote vielleicht wider die Natur ist oder eben doch nicht die ganze Natur ist: Deshalb laufen die Menschen immer wieder weg von ihrem Moses und ihrer Mirjam und tanzen glückselig, betrunken und schreiend um das Goldene Kalb.

An den Tagen, an denen der Tanz um das Goldene Kalb gedreht wurde, waren alle guter Laune, weil sich jeder auf seine Art austoben konnte. Deshalb paßte man auch nicht auf, als Mirjam gesteinigt wurde, und deshalb konnte ihre Sterbeszene eine Woche lang nicht gedreht werden. In dieser Woche fuhren wir zweimal von Eilat nach Jerusalem zum Chirurgen und fanden auf diesen Fahrten alle Drehplätze, die wir noch brauchten.

Gesteinigt werden diejenigen, die Götzen anbeten.

»Und was ist ein Götze?« fragte ich die Soldaten. »Wer entscheidet eigentlich darüber, ob es sich um einen Gott oder um Götzen handelt?« Sie dachten nach, wußten aber keine Antwort. »Vielleicht gibt es eine bessere Lösung für das Abreagieren eurer angestauten Emotionen als Kriege, denn wenn ihr und die Moslems nicht diesen Reinerhaltungsfimmel hättet, wären die Dinge viel einfacher...«

Die gelöste Stimmung am Abend nach dem Tanz um das Goldene Kalb provozierte mich zu einem Ausfall:

Zum erstenmal war es mir so herausgefahren, und es tat mir sofort leid. »Warum?«, fragte ich Mirjam.

»Warum soll man in Israel nicht aussprechen, was man gerade denkt?«

»Weil man ihnen nicht weh tun will.«

»Weil sie träumen.«

Aber Mirjam gab keine Antwort mehr! Ihr tat die Nase weh, und außerdem war etwas im Hafen zu sehen: ein Schwarm fliegender Fische.

Jemand lud uns in ein fernes Wadi zu einer Beduinenoase ein: Die Soldaten würden uns durch die Minenfelder fahren. Wir freuten uns und machten Pläne, auch Moses sollte mit von der Partie sein und Aaron, sein Bruder.

Um zehn Uhr abends kam der Regieassistent und sagte: »Moses und Mirjam müssen dableiben, Mirjam muß morgen sterben.«

So fuhr ich ohne sie mit der Frau des Regisseurs und ihrem kleinen Sohn, mit dem Hotelbesitzer aus Haiti und seiner Frau, einer Mulattin, und noch drei anderen am nächsten Tag sehr früh hundert Kilometer nach Süden. Dort trafen wir uns mit den Soldaten und packten unsere Taschen in deren Spezialwagen um, die vierzehn Gänge und große Funkantennen hatten und Schaufeln, Säcke und Drahtrollen mitführten.

Eingeladen hatte uns ein Offizier, der für die Verbindung zu den Beduinen verantwortlich war. Er sei Beduinen-Spezialist, hatten sie uns gesagt. Ich konnte das kaum glauben, weil er eher aussah wie ein junger Zahnarzt in Weilheim.

25. Kapitel
Im Wadi

»Ich war so ungeduldig mit ihnen. Ich hatte keine Ohren für die Beschwerden, Probleme und Schwierigkeiten, die der Brigadekommandeur vorbrachte. Ihre Leute sind müde, Nachschub trifft nicht pünktlich ein, die Nächte sind kalt, die Tage sind heiß, die eingestaubten Gewehre funktionieren nicht mehr, ihre Fahrzeuge bleiben im Sand stecken. Ich weiß, das ist alles wahr, aber ich habe keine Lösungen für diese Probleme. Den Negev kann ich nicht ändern...«

Das schrieb Mosche Dajan in seinem Tagebuch des Sinai-Feldzuges. In einem anderen Kapitel beschreibt er den Weg einer seiner besten Einheiten durch das Wadim, in das wir jetzt in umgekehrter Richtung einfuhren.

Damals, 1956, hatten die Israelis schon einmal die Sinaihalbinsel besetzt. Der Anlaß war die Schließung der Straße von Tiran für israelische Schiffe und die Enteignung des Suezkanals durch Nasser.

Damals gab es noch keine geteerten Straßen vom Norden nach Eilat und von Eilat den Golf entlang nach Sharm el Sheik.

Damals gab es auch noch keine großen Hotels in Eilat: nur den Hafen und einige Hütten und Häuser und eine Polizeistation. Vor der ägyptischen Polizeistation hatte man im Mai 1949 die aus einem Bettlaken gefertigte Flagge mit dem Davidstern gehißt.

Um die Ägypter 1956 in Sharm el Sheik zu überraschen, waren die Israelis von Beerscheva aus drei Tage lang durch das weglose Gebirge gefahren und schließlich auch durch das Wadi.

Wir saßen auf alten Stücken Schaumgummi zwischen Kisten und Kasten im Command Car, der nun wie ein betrunkenes Kamel durch das trockene Flußbett fuhr. Erst war das Tal breit, an manchen Stellen vielleicht hundert Meter, dann rückten die hohen Felswände immer enger zusammen. Ab und zu hing im Fels ein kleiner grauer Kasten mit einem Kabel daran. Für die Minen? Für das Feldtelefon?

Wir sahen weder Tiere noch Menschen, die Motoren, die oft im ersten Gang gefahren werden mußten, machten einen solchen Krach, daß es ganz unmöglich war, mehr zu sagen als »geht's?« oder »kannst Du bitte ein Stück nach links rücken?«

Der mitgenommene Dackel kletterte über Beine und Flaschen und setzte sich ausgerechnet auf meinen Schoß, jetzt hielt ich mit einer Hand den Hund und mit der anderen mich selbst fest.

Die Fahrer der beiden Wagen waren Experten im Wadi- und Wüstenfahren, die Wagen schwankten, schlidderten, lehnten sich gefährlich nach der einen oder anderen Seite – aber wir blieben niemals stecken.

Wieder hatte ich das Gefühl, als würden wir die ganze Zeit beobachtet. Aber wieder war keine Menschenseele zu sehen. Nur der Himmel, ein kleines Stück Himmel, zwischen den rötlichen Felswänden, die oft von schwarzen oder dunkelgrünen Bändern anderen Gesteins durchzogen waren.

Nach einer knappen Stunde sahen wir die ersten Palmen, kurz vorher hatte der Hauptmann halten lassen, um uns das erste Wasser zu zeigen, zuerst eine Pfütze, dann ein Rinnsal.

Nur wer in der Wüste gelebt hat, kann so von Wasser reden, als sei es das Schönste und Wichtigste auf der Welt. Danach sahen wir Moos auf der Talsohle und die ersten Blumen.

Ein Beduine kam uns langsam auf seinem Kamel entgegengeritten: Er trug arabische Kleidung, aber darüber hatte er ein graues Herrenjacket gezogen. Sein Kamel war mit Decken und bunten Bommeln geschmückt, der gepolsterte Sattel aus Holz und Leder, die Arbeit hervorragend ausgeführt. Wir hielten an, und der Hauptmann sprach arabisch mit dem Beduinen, einige Male lachten die beiden.

Dann fuhren wir weiter bis zur Quelle, die links am Felsen entsprang: Smaragdgrün lag sie zwischen dem rötlichen Stein, von weißen Blumen umgeben. Wir stiegen aus, kosteten das Wasser und freuten uns über die Stille nach dem Gedröhne der Motoren.

»Wie weit ist es noch zur Oase?«

»Zehn Minuten.«

»Da geh ich lieber zu Fuß«, sagte ich dem Hauptmann. Er sah mich von oben bis unten an, bemerkte, daß ich Stiefel anhatte und auch sonst alles, was man im Wadi braucht, und sagte: »Na schön, wenn es Ihnen Spaß macht. Wir warten in der Oase. Verlaufen können Sie sich nicht.« Es gab nur einen einzigen Weg aus dem Wadi: nach vorn oder hinten. Über die Felsen links und rechts entfloh nicht einmal ein Steinbock.

Die beiden Wagen setzten sich wieder in Bewegung, ich winkte ihnen nach.

Ich kam jetzt an einzelnen Palmen vorbei und sah ein kleines rotpelziges Tier. Es rannte davon und verschwand in einem Loch. Wahrscheinlich war es ein Klippschliefer. Vögel gab es kaum, hier nicht und auch nicht in den anderen Tälern und Schluchten, in denen der Moses-Film gedreht wurde. Nur hoch über Ein Gedi war mir einer über den Weg gelaufen. Felsschluchten scheinen sie nicht zu lieben.

Als ich um eine Felsnase bog, stand dort ein Soldat und wartete auf mich, die Maschinenpistole in der Hand wie immer und überall.

Seine Haut war dunkel für einen Israeli, er hatte lustige Augen, aber sein Mund war traurig und schien viel mehr ans Schweigen gewöhnt zu sein als ans Reden.

Mosche war Mosaikspezialist. Er stammte aus Tunesien oder Marokko. Auf jeden Fall war er in einem arabischen Land unter Arabern aufgewachsen. Er lief nun neben mir her, um mich zu beschützen.

An manchen Stellen mußten wir durch den kleinen Bach waten, der das Talbett hinunterlief, und ich kostete das Wasser. Es schmeckte frisch, ein bißchen salzig und war offensichtlich reich an Mineralien.

An der nächsten Ecke wartete Jackie auf uns: Auch ihr schien das Laufen besser als das Geschaukeltwerden zu gefallen. Die Wagen hörten wir jetzt nur noch leise in der Ferne.

Wenn es je ein Paradies gegeben hat, dann ist es sicher eine Oase in einem Wadi gewesen, denn nichts auf der Welt kommt ihr gleich. Umstanden von den roten Bergen weitete sich jetzt das Tal, wurde grün, trug Blumen und Dattelpalmen und einen kleinen Garten mit Mais und anderen Früchten. Am anderen Ende sahen wir die beiden Wagen, und ein Stück davon entfernt saßen auf den Gästeteppichen die Soldaten und unsere Freunde, und ihnen gegenüber der Dackel und der Scheich. Zwei Beduinenhunde rannten an uns vorbei, und ein kleiner Junge stand neben schwarzen schlappohrigen Ziegen.

Der Gästeteppich war unter einem großen Baum ausgebreitet, wir sahen schon von weitem, daß jeder einen Platz im Schatten bekommen hatte.

Ich war die letzte, und der Scheich bot mir den Platz neben sich an, auf einem langen schmalen Teppich gegenüber den anderen: Vielleicht, weil ich wieder meinen Beduinenumhang trug. Er war aus feingesponnener Wolle und mit Goldborten verziert. Die Meinungen über ihn gingen auseinander. Die Soldaten sagten mir: »Den sollten Sie lieber nicht anziehen, die Beduinen lachen doch nur.« Aber die Beduinen waren immer besonders nett zu mir, wenn ich ihn anhatte und behandelten mich, als würde ich zu *ihrer* Familie gehören und nicht zur anderen. Vor allem aber ist er in der Wüste das praktischste Kleidungsstück, bequem und luftig am Tage und ganz warm am Abend, wenn man sich ihn fest umwickelte. Eingewickelt darin kann man auch draußen schlafen. Ich gewöhnte mich so an ihn, daß es mir später leid tat, als ich die Wüste verließ und keinen Grund mehr hatte, ihn zu tragen.

Hier in der Oase aber saß ich nun neben dem Scheich und wartete mit den anderen auf den Kaffee.

Kein Besuch ohne Gästeteppich, kein Besuch ohne Kaffee. Der Gästeteppich war aus Kamelhaar und besonders schön, und Jackie wollte ihn gern kaufen.

Der Hauptmann übersetzte es ins Arabische. Er fügte hinzu: »Diese Frau kann Dir alles zahlen, was Du verlangst, sie ist reich.« Aber der Scheich schüttelte nur den Kopf.

»Nicht für alles Geld in der Welt«, sagte er. Ein Beduinenscheich ist ohne Gästeteppich undenkbar.

»Es geht nicht.« Der Hauptmann nickte zustimmend. Ein anderer Beduine, der wie der Bruder des Scheichs aussah, brachte den Kaffee: dem Hauptmann zuerst. Wir tranken alle aus der gleichen kleinen Porzellanschale, jeder bekam sie einmal nachgefüllt, trank sie zweimal aus: So will es der Brauch.

In der langen schmalen gebogenen Schnauze der Kaffeekanne lagen zwei Gewürzzweige, durch die der Kaffee beim Ausschenken hindurchlief. Er schmeckte sehr gut.

Ich bat den Hauptmann, nach den Kamelpreisen zu fragen und nach den Preisen von Beduinenhunden. Wir brauchten beide für unseren Film, und es mußte ja schließlich auch das im Budget stehen.

Also: Bei den Kamelen kommt es auf die Voraussetzungen an: auf die Farbe – je heller, je teurer –, auf das Alter, auf den Stammbaum. Bei den Hunden ist es ähnlich.

Stammbäume spielen eine große Rolle in der Bibel und im Koran. Man vertreibt sich auch mit deren Aufzählen die Zeit in der Wüste.

Denn aus der Wüste kamen sie beide: die Juden und die Araber. Hier in der Oase sah ich sie zum erstenmal zusammen auf dem Teppich sitzen, unter den Palmen, mit gekreuzten Beinen, einander gegenüber. Sie kannten sich. Sie konnten sich verbal verständigen. Sie tranken aus der gleichen kleinen Schale Kaffee. *Aber fremd blieben sie sich auch jetzt.*

Ich bot dem Scheich schwarze »Gitane«-Zigaretten an. Er freute sich, sie schmeckten ihm. Wir saßen rauchend und erzählend mit dem Rücken zu den Bergen und sahen auf das hier sich weit öffnende Tal mit den Palmen und den Tieren.

Er hatte seiner Frau sogar eine feste Hütte gebaut, und wir (Frauen) durften sie besuchen. Ihr Gesicht war fast ganz hinter dem münzengeschmückten Dreieck aus Seide verborgen, das Beduinenfrauen hier tragen, ihr schwarzes Seidengewand war bunt bestickt, an den Füßen trug sie neue ebenfalls bestickte Sandalen.

Sie konnte nicht älter als 16 Jahre sein, trug aber ein Kind auf dem Arm, ein zweites spielte im einzigen Raum, aus dem die Hütte bestand.

Wir gingen wieder zurück zu den anderen.

»Hier würde ich gern leben«, sagte ich. Zum erstenmal, seit ich denken konnte, hatte ich das Empfinden, in einem tiefen

Frieden zu leben. Es gab keine Zeit, nur Tag und Nacht. Die Oase, nur durch das Wadi von der einen wie von der anderen Seite zu erreichen, war wie ein anderer Stern und mit der übrigen Welt nicht mehr verbunden.

Aber Dajans Truppen sind vor siebzehn Jahren hier entlanggekommen. Sie sind durch das Wadi vorgedrungen, um Sharm el Sheik unbemerkt von den Ägyptern zu erreichen. Drei Tage haben sie gebraucht.

Damals gehörte das Wadi und die Oase zu Ägypten.

Was jetzt wird, weiß niemand.

Der Scheich ist Angestellter der israelischen Regierung: als Naturschutzbeauftragter. Die israelische Regierung hat das ganze Gebirge und die Küste des Golfes von Akaba auf ihrer Seite zum Naturschutzgebiet erklärt, die Korallenriffe im Meer, die Kreuzfahrerinsel, die roten Berge mit den schwarzen Streifen, die Wadis, die Oasen.

Aber wem was gehört, weiß so recht keiner. »Wir geben es zurück«, sagen die einen. »Wir werden es für immer behalten«, die anderen. »Wir nehmen es uns wieder«, behaupten die Ägypter.

Niemand weiß, was wird, und die Beduinen müssen sehen, wie sie durch die Zeiten kommen: Sie sind in Israel registriert, haben israelische Kennkarten und einen Mann in der Knesset: einen Vertreter im Parlament. Am liebsten würden die Israelis das Land an die Beduinen verpachten: Wenn die Beduinen Pacht zahlen, auch die niedrigste, dann wäre geklärt, wem das Land gehört.

Der Grundherr wäre dann der Staat Israel.

Es wird also keinem Beduinen etwas weggenommen, es pendelt sich alles mit der Zeit so ein.

Die Oase liegt in dem 1967 besetzten Gebiet. Wem sie gehöre, frage ich den Hauptmann. Er antwortet nicht.

Wie lange dieser Stamm schon hier lebe?

»So lange man denken kann.«

Da sitzen nun neunzehn Menschen aus drei Erdteilen auf dem Gästeteppich unter einem Baum im Schatten, trinken Kaffee und sind auf eine merkwürdige Weise zufrieden in diesem Augenblick. *Entrückt* ist das einzige Wort, das mir einfällt.

Der Hauptmann sagt: »In fünfzig Jahren ist das alles vorbei. In fünfzig Jahren lebt hier niemand mehr. Die Söhne des Scheichs arbeiten schon in der Fabrik. Haben Sie hier junge Beduinen gesehen?«

Ich schüttle den Kopf.

»Aber es sind doch viele 1967 nach Jordanien und Saudi-Arabien gegangen, als die Israelis die Sinaihalbinsel besetzten.«

»Es sind aber auch welche wiedergekommen.«

Er sagt das wie ein Kind, dem man vorwirft, es habe seinen Bruder verscheucht und das dann antwortet: »Aber wir haben schon wieder zusammen gespielt.«

»Waren Sie schon einmal in Tel Aviv?« frage ich den Scheich.

»Nein. Nur in Beerscheva.«

»In Jerusalem?«

»Nein. Aber in Amman.«

Wie weit ist es von hier bis zu dem Mann aus Böhmen, der mir in der Allenby Street meine Schreibmaschine repariert hat? Der Theorie nach sollen sie beide gleichberechtigte Bürger dieses Staates sein, mit den gleichen Pflichten, den gleichen Freiheiten.

»Dürfen sie dorthin, wo sie hin wollen?« frage ich den Hauptmann.

»Nein. Sie brauchen eine Genehmigung. Das wäre sonst ein zu großes Sicherheitsrisiko. Aber sie schmuggeln natürlich fast alle.«

»Wohin? Woher?«

Er lacht und weist mit dem Kopf nach Osten.

»Da hinüber. Und vorher, vor dem letzten Krieg, auch nach Ägypten.«

Die *Beduinenkriege* aber haben längst aufgehört, Kämpfe um Wasserstellen und Weideplätze werden heutzutage von den Rechtsanwälten vor den Behörden ausgetragen. Die Kinder gehen in die Stadt. Die Scheichs werden Unternehmer.

»Eines Tages wird die Oase also leer sein?«

»Wahrscheinlich. In fünfzig Jahren. Aber nicht leer, nein. Vielleicht steht dann ein Hotel hier oder eine Gärtnerei.

»Und der Scheich?«

»Der managed das Hotel ...« Jetzt lachen wir alle.

Ein kleines Flugzeug fliegt im Tal entlang. Es sieht wie ein Fieseler Storch aus. Dann ist es wieder still.

»Hier ist Niemandsland«, sagt der Hauptmann.

»Es ist auch nicht Ägypten. Der Sinai gehört niemandem. Höchstens den Beduinen. Aber heutzutage kann man ein Niemandsland nicht irgend jemandem überlassen, dazu ist die strategische Bedeutung zu groß.«

»Ja«, sage ich.

Wir stehen auf, fahren ein Stück weiter das Wadi aufwärts und machen Picknick mit gegrilltem Fleisch auf Spießen, mit Wein und Salat, Obst, Kuchen und Kaffee. In einem kleinen Gemüsefeld, das den Beduinen gehört, zwitschert endlich ein Vogel. Später gehe ich mit dem Engländer zu Fuß weiter.

Im Krieg war er als Offizier schon einmal in der Wüste.

»Die Minen sind nur bei Regen gefährlich«, sagt er. »Wenn sie weggeschwemmt werden und keiner mehr weiß, wo sie liegen.«

»Glauben Sie, daß hier noch Minen liegen?«

»Sicher. Wenn nicht von diesem Krieg, dann von früher.« Er lacht. »Vielleicht noch von den Türken.«

»Oder von den Kreuzfahrern«, sage ich.

Es sieht alles so leer aus hier unten im Süden Palästinas. Aber überall geschieht irgendwas. Im Mondtal stehen die Flugzeuge Tag und Nacht startbereit. Im Hafen von Eilat geht sogar unter Wasser etwas vor sich, üben Froschmänner oder kleine U-Boote. Die Hippies sitzen auf der Kreuzfahrerinsel und in den Höhlen über dem Tal, in dem das Goldene Kalb steht. Durch die Wadis ziehen die Beduinen mit ihren Herden, tauchen auf und sind wieder verschwunden. Aber wie es in fünfzig Jahren sein wird, möchte ich auch gerne wissen. »Werden die Israelis denn ein Stück vom Sinai behalten?«

Der Hauptmann zuckt die Achseln.

»Wird das Wadi je zu Israel gehören?« frage ich wieder.

»Das wird auf den Konferenzen entschieden.«

Während die anderen im Bach abwuschen, wickelte ich mich in meinen Beduinenumhang, legte die Tasche unter den Kopf und schlief.

Nach einer Weile sangen die Soldaten, und die junge Frau

des Hotelmanagers aus Eilat, die selbst Offizier war, und ein anderes Mädchen, das für den Naturschutz arbeitete und wie ein Beduine auf den Kamelen ritt, sangen mit.

Ob sie wohl davon singen, wie aus der Wüste ein Garten wird, weil die Kinder Israels heimkehrten?

Von allen Fragen wird es Henry Kissinger am wenigsten interessieren, was aus der Oase im Wadi wird: Dafür hat er natürlich keine Zeit und auch sonst kaum wer.

Warten die Beduinen darauf, befreit zu werden? Und von wem?

Die Rätsel wurden, je mehr ich in Israel umherreiste, desto unlösbarer.

26. Kapitel
Hochzeit im Kibbuz

Durch eine Journalistin aus Tel Aviv lernten wir den Chef der Polizei von Eilat kennen. Er lud uns ein, an einer Hochzeit im Kibbuz teilzunehmen. Wir sagten zu.

Der Kibbuz betrieb vor allem Milchwirtschaft. Er liegt an der Straße zwischen Eilat und dem Toten Meer. Das genaue Gründungsjahr habe ich vergessen, aber er war ungefähr fünfzehn Jahre alt. Amerikanische Studenten, die bei der Ernte halfen, hatten hier ein Kunstzentrum gegründet.

Wir kamen fast zu spät.

In einem Hain hatten sich ungefähr zweihundert Menschen versammelt. Vier Männer hielten neue Mistgabeln hoch, an denen als Baldachin die Fahne Israels befestigt war: die Fahne mit dem Davidstern. Darunter stand eines der beiden Brautpaare: Die Braut kam aus Amerika, sie hatte im Kibbuz gearbeitet und dort ihren Mann kennengelernt.

Ich hatte keine Zeit gehabt, mich umzuziehen, ich trug wieder meinen Beduinenumhang. Die Israelis beobachteten mich irritiert: als wäre ich ein böses Omen, jemand aus einer feindlichen Welt. Einen Augenblick lang kroch Angst in mir hoch vor diesen Blicken. In Nordirland hatte ich an einem der schlimmsten Tage während des Bürgerkrieges auch die falsche Kleidung an. Dort tragen die Katholiken grüne und nie orangene Farben. Die Protestanten tragen blaue und vermeiden grüne Farben. Ich war jedenfalls damals wie heute am betreffenden Ort und unter den jeweiligen Menschen nicht richtig gekleidet. Im Kibbuz war das natürlich noch wesentlich schlimmer als etwa in Eilat oder gar in Jerusalem. Es tat mir leid, ich wollte ja niemandem die Hochzeit verderben.

Im Wadi bei den Beduinen war es viel einfacher gewesen.

Der Rabbi, ein alter Mann mit einem lustigem Gesicht, stand

mit unter dem Baldachin, den die vier Männer hochhielten, und führte die Zeremonie aus. Das Weinglas zerschellte unter dem Fuß des Bräutigams. Die beiden Paare küßten sich, erst das eine, danach das andere. Die Eltern, die dahinter standen, weinten.

Die ganze Zeremonie dauerte nicht länger als eine Viertelstunde. Wahrscheinlich waren die beiden Männer Soldaten und hatten nur zur Hochzeit Zivilkleidung angezogen.

Uniformen sah ich überhaupt keine bei der Hochzeit. Dafür sehr viele Kinder. Sie wurden nach der Feier auf einen Anhänger gepackt, auf den auch die beiden blumengeschmückten Brautpaare hinaufkletterten. Ein Traktor zog sie zurück zum Kibbuz.

Inzwischen hatte der Polizeichef erzählt, wir wären von der Moses-Film-Produktion, und es hatte sich herumgesprochen. Jetzt wurden die Gesichter freundlicher. Wir lösten kein Befremden mehr aus. Mir war inzwischen klar geworden, daß ihnen diese Kleidung schon unbewußt einen Feind signalisieren mußte.

Vom Kibbuz bis zum Feindesland geht man nur über die Straße: Das ist nicht eben weit.

Die Häuser des Kibbuz standen in einem großen blühenden Garten, überall wuchs schöner grüner Rasen, überall lagen Wasserleitungen. Vor zwei Häusern waren Tische mit Getränken, Gläsern, Kuchen, Nüssen und Salzstangen aufgestellt. Das eigentliche Hochzeitsessen sollte erst abends stattfinden. Ein Gynäkologe aus Eilat spielte für die Kinder auf der Ziehharmonika.

Wir wollten uns das Kinderhaus ansehen und Ophira, die Journalistin, zeigte uns auch den Luftschutzkeller, der zu jedem Kinderhaus in jedem israelischen Kibbuz gehört. Die Betten standen dreifach übereinander an den Wänden. An jedem befand sich ein Namensschild. Im Raum standen ein Fernsehapparat und ein Radio, eine große Schiefertafel, falls es lange dauern sollte und man die Schule hier abhalten mußte. Aber auch Spielzeug war vorhanden.

Ich wußte jetzt, wie es in einem israelischen Bunker aussah. Als Kinder hatten wir auch im Keller gesessen, als die Städte über uns zusammengestürzt waren und ausbrannten. Aber es hatte keinen Sinn, hier darüber zu reden: Dadurch wäre in Israel keine Gemeinsamkeit entstanden, sondern etwas Trennendes, und mein Mantel war ja schon schlimm genug.

Das Kinderhaus war sehr schön und geschmackvoll. Die Betten, die Handtücher, die Zahnbürsten: alles bunt und lustig, sehr sauber und ordentlich. Es gefiel uns gut, wir sagten es Ophira, und sie freute sich.

Wie mag es auf der anderen Seite des Tales aussehen? dachte ich. Ich hatte die jordanischen Häuser und Dörfer immer nur durch die Ferngläser der Soldaten von den Bergen hinter Eilat aus gesehen.

Der ganze Kibbuz mit seinen schwarz-weißen Kühen, mit den Doppelhäusern und ihren kleinen Balkonen, er hätte genausogut in Schwaben stehen können.

Die Zahl der Kibbuzim ist in Israel zurückgegangen. Vielleicht ist das ein Indiz dafür, daß die Pionierzeit zu Ende geht. Man ist nicht mehr so sehr aufeinander angewiesen. Die Menschen wollen lieber allein als Bauern leben, und in einer Genossenschaft lassen sich die wirtschaftlichen Vorteile des Kibbuz-Systems auch wahrnehmen.

Was mich bedrückte, wenn ich einen Kibbuz besuchte, war mir selbst nicht recht klar: Vielleicht war es das Gefühl, daß der Fremde hier niemals dazugehören kann, daß er innerlich von dieser Gemeinschaft immer ausgeschlossen bleibt. Merkwürdigerweise hatte ich mich auf dem Teppich des Scheichs sehr viel wohler gefühlt.

Es ist natürlich auch viel schwerer, in die Gemeinschaft einer Gruppe aufgenommen zu werden als sich mit einem einzelnen anzufreunden. Und je genauer ich mir die Gesichter um mich herum ansah, desto deutlicher wurde mir, wie fest diese Menschen zusammengehörten und zusammenhielten.

Auf dem Heimweg fiel mir ein, was ich in den Gesichtern der Kibbuzniks vermißte: es war das Wissen um die Unvollkommenheit des Menschen. Aber wer in einer Wüste in unmittelbarer Nähe der feindlichen Grenze einen blühenden Garten anlegt, wer sich gegen tausend Widerstände behauptet, hat keine Zeit und sieht wohl auch keinen Anlaß dafür, über die Unvollkommenheit des Menschen nachzudenken. Wer um sein Leben kämpft, für den kann Toleranz lebensgefährlich sein. Zumindest sieht er das so.

Der Gedanke, daß jeder Kibbuz im Grenzgebiet als Festung betrachtet wird, als Außenposten, daß jedes Kinderhaus einen Bunker hat, der fast wie ein Spielzimmer aussieht, mit Fernseher und Puppen und einer Schiefertafel: Dieser Gedanke bedrückte mich, weil er mich an meine Kindheit erinnerte, an jenen entsetzlichen moralischen Druck, den die Vorstellung des Auserwähltseins, des Vorbild-Sein-Müssens und der Tüchtigkeit eben auf Kinder ausübt.

Aus einer Wüste einen Garten machen: Davon träumten die Kinder Zions, und sie begannen, mit ihren nackten Händen an der Verwirklichung ihres Traumes zu arbeiten. Aber reicht dies für alle Zeiten? Als wir zurückfuhren, war ich traurig, weil ich mir beim besten Willen nicht vorstellen konnte, wie sich die sichtbaren und unsichtbaren Mauern um diese Festung mit ihren Kindern in den Bunkern jemals wieder einreißen lassen würden.

27. Kapitel
Im Zimmer der Dritten Frau

Mirjam war nun gestorben. Wir zogen nach Jerusalem zurück, um uns nun ganz *Quichotta* zu widmen, unserem eigenen Film. Das American Colony Hotel war jetzt fast leer, die meisten Journalisten abgereist, auch die Gäste, die über Weihnachten ins Land gekommen waren. Eines fiel uns sofort auf: Die Araber hatten sich verändert, nicht nur hier, sondern in ganz Jerusalem. Sie verhielten sich auf der Straße anders, sie redeten anders, und auch im Hotel waren sie nicht mehr so wie früher.

Ihr Fatalismus war einem zunehmenden Selbstbewußtsein gewichen. Aber sie wußten natürlich auch, daß die Entscheidung über ihr künftiges Schicksal längst noch nicht gefallen war. Wie sie sich selbst auch immer verhielten: Alles konnte jetzt falsch sein, jede Bewegung, jede Freundschaft, jeder Streit.

Die Araber in Ostjerusalem warteten. Sie warteten auf das, was nun kommen mußte. Und jeder wußte, daß es auf diese oder jene Weise eine Änderung bewirken würde.

Sie stritten sich jetzt auch öfter laut in der Küche und waren nervöser als mitten im Krieg. In ihren Heimatdörfern rumorte es, in Jerusalem waren seit langer Zeit wieder Bomben explodiert, im Suk tauchten plötzlich schwerbewaffnete Soldaten auf, und auch die Polizei sah man tagsüber und nachts häufiger.

Jerusalem war bis zum Ende des Jom-Kippur-Krieges die sicherste Stadt in Israel gewesen. Jetzt aber sah man es den Gesichtern an, daß sie es nicht mehr war.

»Du vergißt, daß Jerusalem doch auch eine Grenzstadt ist, und die Grenze mitten durch verläuft«, sagte Mirjam.

Wir baten den Koch, uns etwas auf seiner Flöte vorzuspielen, und nahmen das, was er spielte, auf Band auf. Das Band lief auch noch weiter, als er uns von seiner Familie und von seinem Dorf erzählte. Als wir es später anhörten, spürten wir wieder die ungeheure Veränderung, die sich hier unter den Arabern vollzog: als würden sie aus einem tiefen Schlaf erwachen.

Aber sie hatten natürlich auch Angst um ihr Geld. Sie verdienten ja jetzt schon viel weniger, weil die Gäste ausblieben. Und dann hörte ich: Dieser und jener verkauft sein Haus, seinen Garten, gegen Dollars. Die schönen Villen der türkischen Paschas und die Häuser der ehemaligen englischen Beamten wechselten die Besitzer.

Ich stieg auf das Dach der Staffordschen Kinderklinik, es war das höchste private Haus im alten Jerusalem innerhalb der Stadtmauer. Hinter dem Haus läuft ein schmaler Gang zwischen zwei Mauern: Hier hatten einige Zeit lang die Händler ihr Hasch verkauft, und die Hippies versteckten es unter den Büschen, bis die Polizei aufmerksam wurde. Vom Dach aus hat man eine unvergleichliche Aussicht.

Die Klinik ist eine private Stiftung: Arabische Kinder werden hier behandelt, den Eltern gibt man Ratschläge für die Geburtenkontrolle.

Es gehört zu den Traditionen des Heiligen Landes, daß sich die Christen um die sozialen Bedürfnisse der Araber kümmern, ihnen Schulen bauen (und jetzt sogar die erste arabische Universität auf israelischem Boden).

»Spüren Sie denn nicht«, sagte ich zu der alten Dame, die mit mir auf das Dach gestiegen war und die in diesem Haus aufgewachsen ist (es war damals das Wohnhaus der Familie), »spüren Sie denn nicht auch, daß sich in Jerusalem etwas verändert hat?«

»Doch, natürlich. Aber ich denke dabei viel mehr *an das Ende,* an das Ende dieser Stadt. Sehen Sie, in allen drei Religionen kommt das Ende der Welt zuerst in dieser Stadt, dort vom Ölberg her – sie zeigte mit der Hand hin – soll dann eine Brükke hier herüberführen, schreiben die Muslims.«

»Was für ein Durcheinander«, sagt sie dann, »die Menschen haben gar keine klaren Gedanken mehr. Jeder wartet nur... Wer soll denn die Probleme Jerusalems lösen? Das können wir doch nur selber. Ich habe noch nie Schwierigkeiten mit den Arabern gehabt, ich bin doch unter ihnen aufgewachsen, und mit den Israelis haben wir jetzt auch keine: Es geht alles mit Geduld.«

Ich sah sie an, ihr Gesicht: Resignation. Es war ein herrlicher

Wintertag, die Sonne wärmte uns, die Kuppel des Felsendomes glänzte golden und rund, weithin konnten wir die Berge sehen, die Jerusalem umstanden, und dahinter sogar die von Moab. »Man glaubt«, sagt sie schließlich, »vermitteln zu können ..., aber es ist dann doch immer die Macht ...« Sie vollendete den Satz nicht.

Ich schlief jetzt in einem anderen Zimmer, und am Abend hatte ich den Eindruck, daß der Muezzin nicht nur zum Gebet rief: Er sprach nun auf einmal mehr und andere Worte, die die Menschen für ihn erfunden hatten.

Rief er zum Kampf auf?

Am nächsten Tag fragte ich Hassan in der Bar. »Was sagt denn der Muezzin?« Aber er schwieg. »Und wie geht es Deinen Kindern?« Er lachte. Denen ging es gut. Aber ich spürte die ungeheure Unruhe, die nur deshalb nicht offen ausbrach, weil es zur arabischen Tradition gehört, niemals zu zeigen, was man denkt.

Wird diese Insel eines Tages auch überflutet werden? dachte ich, als ich in den Innenhof des alten türkischen Palastes hinuntersah: Hier waren sie sich noch begegnet wie nirgendwo sonst in Israel, unter dem Zitrusbaum, unter der großen Palme...

28. Kapitel
Die Ideen des Herrn S.

Es war kalt in Jerusalem, und es regnete in Strömen. Wir fuhren jetzt öfters die halbe Stunde nach Jericho, wo immer die Sonne schien. Eines Tages kam uns der Gedanke, es an der Brücke über den Jordan zu versuchen.

Würde man uns mit unseren ausländischen Pässen für einen Tag nach Amman lassen?

Niemand konnte uns genau Bescheid sagen, also fuhren wir auf gut Glück los, durch Jericho hindurch zur Brücke. Alles war wie ausgestorben, die Grenze vergittert, Wachhäuser standen vor und hinter den Gittern, die Schranken waren geschlossen, Schilder warnten, die Straße zu verlassen.

Wir sahen keinen Menschen, hupten, warteten. Dann sagte Mirjam: »Heute ist doch Sabbat. Am Sabbat ist der Übergang geschlossen.«

Also fuhren wir den Jordan aufwärts. Auf den Feldern arbeiteten Araber, die Felder waren gut gepflegt, die Traktoren sahen neu aus und glänzten in der Sonne. Kein Zweifel: Den Bauern hier mußte es gut gehen. Was ging in ihren Köpfen vor? Sehnten sie sich zurück nach der jordanischen Herrschaft? Wünschten sie sich einen palästinensischen Staat? Wollten sie am liebsten bei Israel bleiben? Was denkt man, hier, so nahe an der Grenze, die jetzt wieder schwer befestigt war: mit Minenfeldern und Unterständen, Zäunen, Gräben und Panzersperren, stärker befestigt, als wir es je zuvor gesehen hatten. Auch der aufgerissene Streifen neben der Straße war ganz frisch, wie von einer Egge gezogen: Es mußte also auch hier Spurenleser geben, die im Morgengrauen mit gesenktem Kopf neben der Straße entlangliefen.

Die arabischen Dörfer waren kaum zu sehen, so angeschmiegt waren sie in Farbe und Form an die Landschaft. Die Dörfer bestanden aus Lehmhäusern, die wie die Erde selbst aussahen, aber neben den Lehmhäusern standen Traktoren und Autos. Diese Gegend des großen Tales auf beiden Seiten des Jordans ist viel dichter besiedelt als die im Süden des Toten Meeres. Auch Straßen gab es mehr, sie führten über Pässe in die Gebirge.

Trotzdem war niemand zu sehen außer den Arabern auf ihren Feldern, die zum Teil zwischen den eingezäunten Minengürteln lagen. So hatten es sich die Israelis doch erträumt: So wollten sie doch den Arabern zeigen, wie man intensive Landwirtschaft betreibt, wie man tiefe Brunnen bohrt, das Wasser weiterleitet, Plastikhüllen über die Pflanzen stülpt, ertragreiche Getreidearten anpflanzt...

Hier jedenfalls schienen sich arabische Siedlungen und Kibbuzim mehr zu vermischen, als wir es irgendwo anders je gesehen hatten, hier, ausgerechnet neben der so schwer bewaffneten Grenze.

Oder täuschten wir uns?

Die Straße am Jordan entlang führt zum See Genezareth. Später lasen wir, daß es verboten ist, nachts auf ihr zu fahren oder anzuhalten und sie zu verlassen.

Der Kibbuz war von einem über zwei Meter hohen Drahtzaun umgeben, aus dem Wasserturm konnten wir den Lauf eines Maschinengewehrs und einen Scheinwerfer sehen. Hier gab es keinen Garten zwischen den Häusern: Es sah alles eher wie ein Militärlager aus, und hätten wir nicht die Kühe gesehen, die Futtersilos und die Kinderwäsche auf den Balkons, dann wären wir nicht auf den Gedanken gekommen, daß hier Siedler lebten und Kinder aufwuchsen.

Kinder, die nachts im Bunker schlafen...

Die Angst, die Spannung, die Feindschaft: Alles was man in Tel Aviv vorwiegend aus der Zeitung kennt, weil das eine so ganz und gar jüdische Stadt ist, das war hier eine viele hundert Kilometer lange physische Realität aus Minenfeldern und Luftschutzkellern, aus hohen Zäunen und Wassertürmen mit Maschinengewehren und Scheinwerfern: Hier lebten seit fünfundzwanzig Jahren Menschen, die voreinander Angst hatten, *eine ganze Generation.* Und denkt man an die Araberaufstände in den dreißiger Jahren, dann sind es sogar schon fünfzig.

Wir hatten immer wieder nach offenen oder versteckten Brücken gesucht, von Eilat bis zum Toten Meer, von Jericho bis an den See Genezareth. Wir suchten die ganze Zeit über in Israel nach einem Weg von unseren arabischen Freunden zu unseren jüdischen Freunden und umgekehrt, von den Häusern der arabischen Bauern zu denen im Kibbuz: aber um ihn stand ja ein über zwei Meter hoher Zaun.

Weil das Sicherheitsrisiko so groß ist.

Zäune aber und Mauern, das lehrt die Geschichte, haben es noch nie dauerhaft gelöst.

Nirgendwo in Israel hatte eine Integration zwischen Arabern und den Israelis stattgefunden, und die einen wie die anderen trugen ihre Angst voreinander nun schon mehr als ein Vierteljahrhundert mit sich herum, und was in ihren Schulbüchern stand, war auch nicht sehr hilfreich.

Die Kriege bildeten dabei keine entscheidende Zäsur, denn zwischen den Kriegen verhinderte schon das Sicherheitsrisiko, daß man die Araber in Israel zu gleichwertigen Bürgern des Staates machte.

Manche unserer israelischen Freunde kamen nicht ins American Colony Hotel, weil es ein arabisches Hotel war und *man schon vom Essen krank würde.* Außerdem sei es im arabischen Teil der Stadt *zu gefährlich.* Nichts half ihnen über die Schwelle, auch nicht, daß dort jetzt mehr Juden abstiegen als je Araber abgestiegen waren. Es war wie mit meinem Beduinenumhang.

Das wenigste an diesem Zustand hat etwas mit Tatsachen zu tun. Aber Vorstellungen und Vorurteile schaffen ihre eigene Realität.

Wir lernten jetzt einen Amerikaner kennen, der die israelische Regierung unter anderem in ökonomischen Fragen beriet. Er erklärte uns, daß dieser Staat ja eigentlich ganz und gar bankrott sei. Und wenn er auch noch die Ölquellen auf der Sinaihalbinsel verlöre, dann war überhaupt nicht mehr abzusehen, wie er weiterexistieren solle.

Da halfen auch die Tomaten von Ein Gedi nicht mehr. Deshalb hatte er durch sein Institut Pläne zur Sanierung der israelischen Wirtschaft ausarbeiten lassen.

Einer davon sah einen Umschlaghafen in der Sinaiwüste vor: einen Containerumschlaghafen für Afrika und Asien, der die stets gefährdete Passage durch den Suezkanal ersparen sollte. Wir sahen uns die Pläne an: die Lagerhallen und Büros waren in riesigen pyramidenartigen Türmen mit abgestumpfter Spitze untergebracht, auf denen Hubschrauber landeten.

Und aus dem Toten Meer würde man mehr Öl fördern als aus ganz Arabien zusammen, mit riesigen Schläuchen und Pumpen, Türmen und Inseln. Aus Eilat müsse dann ein richtiger großer Überseehafen werden.

Die Berge in der Wüste und am Toten Meer könne man in glänzende Folie einwickeln: Die Sonne würde sie in Brutöfen verwandeln, und mit der Energie ließen sich Turbinen antreiben. Auf jeden Fall sahen wir jetzt Pläne und Zeichnungen und hörten von den Ideen, die jedes wirtschaftliche Problem des Landes lösen konnten. Ich dachte an das Paradies im Wadi: Was würde aus ihm werden? Vielleicht ein Heißwasserkanal?

29. Kapitel
Henry's Zug

In der nächsten Nacht schneite es. Ich spürte das schon, bevor ich den Schnee sah. Es war ganz still, als es hell wurde, nichts bewegte sich auf der Straße, Jerusalem schien sich in einen Wattebausch einzuhüllen. An diesem Morgen rief auch niemand zum Gebet: Es blieb vollkommen ruhig. Auch der Strom war an diesem Tag in Ostjerusalem ausgefallen. Die Türen der Häuser blieben zu, die Menschen in den Häusern im Bett. Das Fahren mit Privatwagen wurde solange verboten, bis die Straßen geräumt waren. Aber der Schnee fiel unaufhörlich in dicken Flocken vom Himmel, legte sich auf die Palme im Innenhof und bog die Äste der Zitrusbäume, an denen schwer die reifen Zitronen hingen.

Am Empfang stand ein junger Mann und telefonierte voller Verzweiflung. Als er mich sah, schien ich ihm wie ein Bote der Vorsehung. »Könnten Sie uns vielleicht helfen?« fragte er.

»Was ist denn?«

»Wir haben ein Interview mit Menachem Begin in Tel Aviv verabredet, wir sind vom dänischen Fernsehen.«

»Aber die Straße nach Tel Aviv ist gesperrt«, sagte ich.

»Ja, deshalb müssen wir zum Bahnhof, aber unser Wagen springt nicht an und wir bekommen kein Taxi. Sie haben doch einen Wagen mit Vorderradantrieb?«

»Ja«, sagte ich. »Wann müssen Sie auf dem Bahnhof sein?«

»In fünfzehn Minuten.«

Ich gab ihm den Wagenschlüssel und zog meine Stiefel an. Als ich vor das Hotel kam, standen die beiden Dänen im Schneegestöber und luden Stative, Lampen, Kamerakisten und Koffer aus dem Volvo in den kleinen Subara um. Ich betete zum Himmel, daß er anspringen würde. Es schien mir ein Rätsel, wie wir alle in dem kleinen Wagen Platz finden sollten.

Als wir fertig waren, blieben noch genau sieben Minuten Zeit, aber der kleine gelbe Wagen sprang sofort an, zog das ganze Gepäck und uns durch den Schnee wie ein Panzer. Wir fuhren zur Stadtmauer, hatten kaum Zeit, Jerusalem im Schneegestöber zu bewundern. Ich fuhr so schnell, daß mir selber Angst wurde, aber ich mußte ja den Berg hinaufkommen. Blieb ich auf halbem Weg hier stecken, war der Zug weg.

So fuhr ich zum erstenmal zum Bahnhof von Jerusalem, im Schnee, mit zwei Dänen. Vor dem Bahnhof standen viele Polizeiwagen und Militärjeeps, und der Bahnsteig war mit einem Eisengitter verschlossen, das vom Boden bis zum Dach reichte. Ich konnte nicht anhalten. Wenn ich anhielt, bekamen wir ihn so schnell nicht wieder frei. So steuerte ich im vollen Tempo auf eine kleine Lücke zwischen den Militär- und Polizeiautos direkt vor dem Gitter zu. Soldaten und Polizisten sprangen aufgeregt hin und her, winkten und gestikulierten, und einer nahm die Maschinenpistole so in die Hand, als wolle er damit schießen. Da hielt ich, direkt vor dem Gitter, den Wagen an. Vor uns stand der Zug und wartete. Wir hatten keine Zeit zu verlieren und sprangen aus dem Wagen. Die Polizisten umstanden uns mit aufgerissenen Mündern: Dann sahen sie die Kameras, die Stative, die Lampen, und aus dem Bahnhof kam der Bahnhofsvorsteher gerannt, der uns erwartet hatte. Die Gesichter um uns hellten sich auf. Und als ich den Bahnhof wieder verließ, halfen mir die Polizisten sogar durch den Schnee: Jetzt war der kleine gelbe Wagen leicht und schlitterte wie ein Boot ohne Kiel erst einmal quer über die Straße und beinahe in ein Gewirr von buntbemalten verbogenen Eisenbahnschienen, die man vor dem Bahnhof in Beton eingelassen hatte. Es blieb keine Zeit, darüber nachzudenken, welchen Zweck sie erfüllten, ich fuhr mit Vollgas den Berg hinunter, um auf der anderen Seite hinaufzukommen. Es war wie auf der Achterbahn, und, Gott sei Dank, gab es kein Auto auf der Straße. Vor dem Jaffa-Tor spielten Araberkinder Schneeballschlacht, ihre Köpfe fest in schwarz- und rot-weiße Tücher eingewickelt.

Im Hotel brannten Kerzen. Niemand wußte, ob er traurig oder lustig sein sollte. Einerseits sah es so schön aus. Andererseits war es kalt und dunkel.

Die wenigsten kamen an diesem Tag zur Arbeit, es ging ja kein Bus, und zu Hause im Bett war es natürlich viel wärmer. Im Speisezimmer gab es inzwischen Frühstück, und in der Halle wurden Petroleumöfen aufgestellt.

Aus Tel Aviv trafen mit den Zügen die ersten »Schneetouristen« ein. Sie nahmen in Picknick-Kühlboxen Schnee mit nach Hause, um ihn den Kindern zu zeigen.

Noch nie hatte man so viele Züge zwischen Jerusalem und Tel Aviv eingesetzt, noch nie waren die Züge so voll gewesen. Jetzt mußten die Dänen bei Menachem Begin sein, dachte ich, als es zehn Uhr schlug.

Er gehörte zu den Männern in Israel, die von den Arabern am meisten gehaßt werden: ein Terrorist, ein Mörder von Kindern und Frauen. »Ich war 1948 nicht dabei«, sagte ich, wenn sie von ihm sprachen. »Ich kann es nicht beurteilen.« Aber was immer er gewesen ist: Sein Märchen ist heroischer und wohl auch brutaler als das der gemäßigten Israelis. Es ist voller jüdischer Helden, die die ganze Welt zu besiegen imstande sind. Für ihn war auch der Jom-Kippur-Krieg gewonnen, der Waffenstillstand ein Verrat, Kairo und Damaskus vor den Panzern der israelischen Armeen gelegen, zum Greifen nahe...

Kissinger sei noch in Jerusalem, hieß es. Die Gespräche machten gute Fortschritte. Man würde sich über eine Truppenentflechtung einigen. Die israelischen Truppen müßten dann wohl bis zum Mitlapaß zurückgehen, Afrika verlassen. Es ging vor allem um die Wiedereröffnung des Suezkanals. *Die Gespräche machten also gute Fortschritte,* während es in Jerusalem unaufhörlich schneite.

In der Altstadt stürzten zwei Häuser ein und begruben eine alte Frau und ein Kind. Zwei vollbeladene Taxis stießen frontal zusammen. Es gab Verletzte. Ich ging bis zum Damaskus-Tor spazieren und brachte Zeitungen mit.

Außer mir stapfte an diesem Tag in Ostjerusalem keine Frau durch den Schnee. Es war noch immer vollkommen still. Kein Auto schlidderte die Straße entlang, kein Bus stand quer. Ganz Jerusalem schlief oder sah aus dem Fenster. Die einzige Sorge galt dem Strom und den Dächern, den Zitrusbäumen und ob die Züge wohl auch weiter fahren würden.

Am Abend berichteten die Dänen bei Kerzenlicht und Cognac von ihren Erlebnissen.

Sie hatten im Zug gesessen, der Zug war abgefahren, hielt dann an einer Station, eine Stunde, zwei Stunden.

Dann fuhr ein Zug vorüber, aus einem der Fenster hatte ein Mann gewunken. Als sie genauer hinsahen, entdeckten sie, daß es Henry Kissinger war, der nach Lod fuhr, von wo aus er nach Damaskus, Amman oder Kairo weiterfliegen würde.

Jetzt verstanden wir plötzlich die Aufregung der Soldaten und Polizisten. Wenn wir mit einer Bombe zum Bahnhof gefahren wären? Welche Irre rasen auch im letzten Augenblick bis zum Gitter, fast bis auf den Bahnsteig? Wir aßen unser Steak und schwiegen. Nichts ist so einfach in Israel wie es aussieht, nicht einmal im Schnee in Jerusalem.

Menachem Begin, der Führer der rechtsgerichteten Opposition, war wütend, denn sie hatten ihn vom Zug aus nicht anrufen können, es war ihm egal, ob der Zug Telefon hatte oder nicht. Ihn ließ man auch Henry Kissingers wegen nicht warten. Er hatte sich geweigert, sie zu empfangen. *In Tel Aviv lag kein Schnee.* In Tel Aviv war es schwer, sich vorzustellen, daß in Jerusalem Schnee lag und nichts mehr funktionierte. Und außerdem: Für Begin gibt es nur Siege, keine Niederlagen.

»Was hättet Ihr denn machen sollen?« fragte ich die Dänen.

»Das wissen wir auch nicht. Vielleicht wie der Prophet durch den Himmel fliegen. Auf jeden Fall einen Ausweg finden müssen...«

»Und wenn es keinen Ausweg gibt?«

»Es gibt immer einen, hat er gesagt.«

»Gott sei ihm gnädig.«

30. Kapitel
Die Sonne kommt wieder

Am nächsten Tag, meinem letzten, lag zwar noch immer Schnee, aber die Sonne schien heiß vom Himmel, und Jerusalem war schöner denn je. Die Menschen öffneten die Türen und Fenster ihrer Häuser, der Strom war wieder da. Ich konnte mit den Düften der Kräuter von Ein Gedi baden. Suleika stand im Zimmer und fragte: »Kann ich jetzt saubermachen?«

Man besorgte mir einen Doppelstecker, damit ich meine Batterien vor der Abreise noch einmal aufladen konnte. Zum Mittagessen sollte es frische Forellen geben. Kein Ast war vom Zitrusbaum abgebrochen, aber ein großer Wedel von der Palme, die nun noch dürftiger aussah.

Ich begann zu packen, entschloß mich, mehr hierzulassen als mitzunehmen: Was immer geschehen würde, sagten die Leute, es würde später geschehen, jetzt noch nicht. Sie meinten damit: Krieg oder Teilung oder einen neuen Staat auf dem Westufer oder eine internationale Stadt. Daß alles beim alten bleiben würde, glaubten die wenigsten, außer vielleicht Menachem Begin und seine Anhänger.

Die Menschen waren müde und sprachen nicht mehr so viel. Ein neuer Wechsel stand bevor, die Älteren konnten sich noch an alle anderen gut erinnern: Türken, Engländer, Hussein, Israel. Die Grenzen mal hier und mal dort, mal durchlässig und mal hermetisch abgeriegelt. Heute konnte ich in einer halben Stunde in Jericho sein, *aber wenn ich wiederkomme, vielleicht überhaupt nicht mehr.*

Ich setzte mich in den Wagen und fuhr durch die Stadt, die jetzt funkelte und glitzerte, als habe eine himmlische Hand Juwelen über sie hingestreut. Das Wasser rieselte von den Dächern und tropfte von den Bäumen, die goldene Kuppel des Felsendoms glänzte wie nie zuvor: Jerusalem sah aus, als würde es sich freuen.

Es war in diesen zwei Tagen wie eine einzige riesige Weihnachtspostkarte, und deshalb fühlten wir uns auch wie Kinder. An der Stadtmauer bauten jetzt Erwachsene Schneemänner, kaum waren sie fertig, fingen sie an zu schmelzen.

Noch immer war Israel total mobilisiert. Noch immer wurde im Norden und Süden jeden Tag geschossen. Zwar gab es jetzt nur einen Toten oder zwei in der Woche, aber für die Angehörigen ist das kaum ein Trost. In den Menschen Jerusalems schien der Wunsch, *zu leben,* immer stärker zu werden. Der Schnee, die Sonne nach dem Schnee, das unbeschreibliche Grün auf den Hügeln rings um Jerusalem, das der Schnee herbeigezaubert hatte. *Jeder wollte leben.* Sie schienen alles andere erst einmal in den Hintergrund zu drängen. Man vergaß die Politik, die Politiker, vergaß sich zu entscheiden zwischen dem und jenem, wollte nichts hören und nichts sagen.

Ich fuhr nach Jericho. Die Araber saßen vor den Cafés und wußten vom Schnee nur aus dem Radio, sahen ihn als silberne Streifen ganz fern auf den höchsten Bergen Jordaniens und, in Wasser verwandelt, hörten sie ihn wild die Berge herabkommen und über die Felsen stürzen, wenn sie die Uferstraße entlangfuhren. Die Straße bei Ein Gedi sei eingestürzt, hieß es.

In Qumram setzte ich mich auf einen Mauerrest und versuchte mir vorzustellen, ob ich wirklich wiederkommen würde. Ich kniff die Augen zu und blinzelte, bis nur noch Farben übrigblieben, dann riß ich sie weit auf. Unter mir auf der Uferstraße vom Toten Meer ritten ganz langsam Quichotta und Pansa vorüber, und hinter ihnen liefen Moses, Josua und der Bruder von Moses, dann kamen die Beduinen und die Hippies, die Kamele, die Ziegen mit den Schlappohren und die Schafe. Am Straßenrand stand der Jeep mit der kleinen Kanone, die Soldaten lasen in einem Buch. Dann hielten sie alle und sahen zu, wie eine durchsichtige Kugel langsam und vorsichtig neben der Straße landete. Aus der Kugel stieg Henry Kissinger und lachte und winkte, aber niemand winkte zurück, alle beobachteten ihn nur aufmerksam, niemand redete. Kissinger verschwand hinter einem großen Stein und kam dann wieder, winkte, lachte, stieg ein, die Kugel hob sich von der Erde ab und schwebte über uns weg. Jetzt konnten wir alle die Schuhsohlen sehen, es mußte eine sehr große Konferenz sein, es waren viele Füße.

Quichotta drehte sich zu Pansa um und sagte etwas, das ich nicht verstand. Die beiden setzten sich wieder in Bewegung. Die Kugel schwebte jetzt in der Ferne im Kreise herum, Kissinger stand in der offenen Tür und lachte und winkte. Dann flog sie hinter Jericho über die Berge nach Amman.

Auf dem perlmuttfarbenen Toten Meer trieben tausend Flöße, und auf den Flößen drehten sich tausend Windmühlen.

Moses stand neben Quichotta und sagte etwas zu ihr, aber ich konnte es wieder nicht hören.

Wenn ich zurückkehrte, würde ich vielleicht erfahren, ob es eine Bedeutung hatte, daß sich Moses und Quichotta am Toten Meer begegnet waren, und warum es geschah.

Herr Kissinger, das schien mir gewiß, wußte es nicht. Er schwebte dort hinter Jericho in der Kugel nach Damaskus. Viel zu schnell.